会计!从掌控
会计核算入手

在情景中学记账、算账、财务报表

黄 玲◎著

人民邮电出版社

北京

图书在版编目（CIP）数据

会计！从掌控会计核算入手：在情景中学记账 算账 财务报表 / 黄玲著. -- 北京：人民邮电出版社，2023.5
ISBN 978-7-115-61028-7

Ⅰ．①会… Ⅱ．①黄… Ⅲ．①会计－基本知识 Ⅳ．①F23

中国国家版本馆CIP数据核字（2023）第013800号

内 容 提 要

企业从诞生之日到经营达到顶峰之时，都需要通过会计核算来反映财务状况、经营成果和现金流量。会计人员在为企业决策提供重要数据信息的同时，在企业经营中也发挥了重要的作用。

本书共11章。首先，以"我"的亲身经历，帮助读者了解会计的作用、会计的基本知识，进而帮读者走进会计的世界。然后，以如何进行会计核算为出发点，从原始凭证到记账凭证、从账簿到财务报表，一步步讲解业务数据是如何最终形成财务报表的，并在资产及负债的清查、会计档案、会计交接方面进行了讲解，让读者更清晰地了解会计实务的操作细节。最后，通过"延伸阅读"介绍了会计人员需要了解的、会计核算以外的税收以及工商方面的知识。

本书用财务人员的成长故事讲解会计专业知识，通俗易懂，并结合大量图、表、案例增进读者对实务的理解，能帮助新手会计一步步认识会计的世界，掌握会计的实务知识，并在实践中运用。

◆ 著　　　　黄　玲
　　责任编辑　刘　姿
　　责任印制　周昇亮

◆ 人民邮电出版社出版发行　　北京市丰台区成寿寺路 11 号
　　邮编　100164　　电子邮件　315@ptpress.com.cn
　　网址　https://www.ptpress.com.cn
　　大厂回族自治县聚鑫印刷有限责任公司印刷

◆ 开本：700×1000　1/16
　　印张：13.75　　　　　　　　　　2023 年 5 月第 1 版
　　字数：217 千字　　　　　　　　2023 年 5 月河北第 1 次印刷

定价：39.80 元

读者服务热线：(010)81055296　印装质量热线：(010)81055316
反盗版热线：(010)81055315
广告经营许可证：京东市监广登字 20170147 号

从小受会计家庭熏陶的我，对会计这份职业有着天然的好感。提起会计，很多人会联想到算盘或者计算器，认为这是会计的标配。在我的眼里，会计的世界是丰富多彩的。

选择一个幸福感高的职业是很多人选择职业的方向。如何来评价职业幸福感？有人说要看这个职业的"容错率"，容错率越高职业幸福感越强。会计工作在很多人眼中容错率似乎是并不高的，"为了一分钱找了一个晚上"的段子正是评价会计工作的，一个总是为"小钱"斤斤计较的职业，能有什么大出息，又哪里来的职业幸福感？

但会计这个学科，带给我的却不仅仅是职业的光环，更让我的人生充满意义与乐趣。我的会计理念从小就被父母培养起来，自从有了自己的零花钱，我就有了记账的习惯。合理规划有限的资金，不但让我的生活井井有条，更让我明白赚钱、理财是获得利润的关键方法。

如何让新入门会计人员快速理解会计、让更多人爱上会计，是一直萦绕在我心中的课题。所以我结合多年的经验，决定写一本浅显易懂的会计书。

本书特点

（1）浅显易懂。本书用通俗的语言讲述专业术语，从基础的会计知识讲起，用案例引出会计操作的各个环节。

（2）实践性强。本书充分考虑财务软件应用的普遍性，将软件的实操与会计理论结合，讲述会计核算的全过程。

（3）可视化强。本书通过大量表格、图片来演示具体操作，帮助读者快速掌握会计知识。

（4）实用性强。本书帮助读者把理论知识迅速转化成工作技巧，帮助读者快速掌握会计的相关知识。

内容介绍

本书共13章，依据《小企业会计准则》介绍会计的基本知识，以会计核算为出发点，从原始凭证到记账凭证、从账簿到财务报表，一步步讲解从业务发生到形成财务报表的全过程，以及资产及负债的清查、会计档案、会计交接等会计实操方面的知识，具体内容如下。

第1章、第2章主要介绍了会计的世界，以及会计的作用、基本知识等方面的内容，让读者对会计有大致的了解。

第3章、第4章、第5章、第6章、第7章和第8章以如何进行会计核算为出发点，结合具体的案例，一步步讲解从业务发生到形成财务报表的全过程。这些案例都是会计人员在实际工作中遇到的，贴合实际，实战性较强。

第9章对企业资产及负债的清查进行了详细介绍，从库存现金、银行存款、实物资产和往来款项四个方面介绍了清查的方法、异常处理方法等。让会计人员对资产清查有系统的认识和理解，让资产及负债的清查不再是让人头疼的事情。

第10章介绍会计档案。会计档案是会计信息存储的介质，本章从会计档案的保管和移交与销毁角度对会计档案进行了深度剖析，介绍了会计档案包括哪些资料，档案的借阅和复制，以及档案的保管期限和销毁等方面的知识，让会计人员对会计档案引起足够的重视。

第11章对会计工作的交接进行了介绍，会计工作的交接是前后任会计责任划分的关键步骤。从移交清册、注意事项、监交等方面对会计工作的交接进行了详细的介绍，并结合实际案例，让会计人员对交接的会计工作考虑得更加全面。

延伸阅读介绍了会计人员需要了解的会计核算以外的税收、工商等知识，拓宽会计人员的知识领域。

致谢

本书是在张增强老师、任康磊老师的鼓励和矫荣华、王丽丽、张静、殷艺玮等会计师的支持下编撰完成的。在此，一并表示感谢。

目 录 ▼

第 2 章 ● 会计从哪里开始学起

第7章　结账与对账——会计结果的验证

第8章　财务报表——会计核算的成果

第 9 章 ● **资产及负债的清查——会计信息质量的确认**

第 10 章 ● 会计档案——会计信息的储存

延伸阅读

扫码即可观看
延伸阅读精讲内容

第2章 ● 工商操作指南

第 **1** 章

走进会计的世界

1.1 我成了一名会计

曾经听一位做会计的同事说，她拿到大学会计专业的录取通知书时，干了一辈子大队会计的父亲很不理解："会计还用到大学里学吗？我小学毕业的也干了一辈子会计"。对于从小就受会计家庭熏陶的我，对会计这份职业有着天然的情感。在很多人的眼里，提起会计就会联想到算盘或者计算器，认为这是会计的标配。在我的眼里，会计的世界则是丰富而又多彩的。

1.1.1 我想要成为一名会计

高中毕业的我，在高考填报志愿的时候选择了会计专业，主要是受父母的影响。"你是女孩子""会计是白领""风吹不着，雨淋不着"……简单来说，选择成为一名会计，完全就是因为"会计好就业"。

如我所愿，会计的确是非常好就业的。对于会计专业出身的学子，有了会计思维打底，转行做其他的工作也非常容易进入状态。

本想着会计就是敲敲键盘、算算数、记记账，毫无难度。但一张遗忘在笔记本里的单据，花费了我一整天的时间去寻找和核对账簿这件事，让我认识到做好会计工作并不简单。

成为一名合格的会计不仅需要认真、严谨的工作态度，还要保持细致的工作作风、良好的工作习惯。会计工作就是对企业日常经营传递出来的数据进行归集、加工和反映，给企业的经营决策提供数据支持。

一天，财务经理安排我将日常编制的一套财务数据送给公司领导。事后，财务经理告诉我，公司做了一项重大收购业务的决策，那套数据就是这次会议表决的关键性材料。我突然意识到，我对会计的理解太局限了。

会计不只是加工数据、记账那么简单。会计将历史的数据归纳总结形成的分析报告，是为企业管理层对未来作出决策的重要参考依据。

不仅如此，会计还在发挥着企业内部控制监督的作用。这个监督就像推理小说中的案件一般：业务是否真实有效，数据是否真实反映，单据有没有造假，传递中有没有丢失关键信息，这些都让我对会计有了新的认知，甚至对会计产生了特殊的好感。不仅如此，当下的会计还被赋予拓展职能。会计职能如图1-1所示。

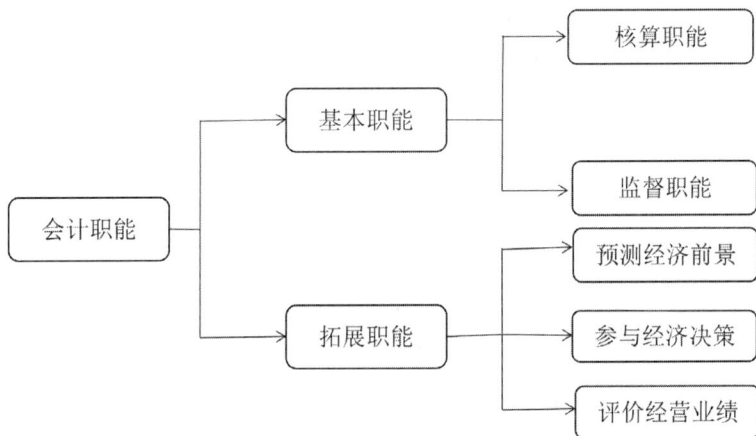

图1-1 会计职能

1.1.2 企业经营者赚钱，会计管钱

与会计相关的几门课，我的成绩都很好。就业之后，我经常会盯着每一笔单据琢磨半天，我喜欢联想这笔交易背后的业务流程。似乎我对会计有一种天然热爱的感情。

也许是受财政系统出身父母的影响吧。小时候，母亲经常提醒父亲："今天要买东西，要买××钱范围内的。"而父亲每次上交工资时期待母亲赞扬的神情都让我记忆深刻。

在我心里，父亲的自豪来自能够赚钱，而母亲的开心来源于能够管钱。

企业的会计负责管理资金，在资金的具体运用上也会提供中肯的建议，更是把握着采购交易链条的最后一个付款环节。而对于企业的负责人来讲，就是要找到合适的商业模式，带领团队赚到钱。所以，企业经营者与会计的关系，可以称为工作中的"夫妻"关系。

如果"夫妻"关系不好，会计不能给企业经营者提供有效的经营数据、恰当的财务分析、合理的经营建议，那么企业经营者赚钱的精力就会被大大牵制。可见会计的作用不容小觑。

会计的工作无边界，就像"夫妻"关系中的"妻子"。有的"妻子"会把钱管好，不管其他的事情；有的"妻子"不但会把钱管好，还会提醒"丈夫"如何以最少的钱买到最多的东西；有的"妻子"还可以给"丈夫"提供投资建议，让钱生出更多的钱；有的"夫妻"生出若干"孩子"（子公司），"妻子"还会协助"丈夫"让整个家族兴旺发达。

1.1.3 会计与财务的"爱恨情仇"

进入会计师事务所以后，我打交道最多的就是被审计企业的会计人员。但曾有一段时间，我对"会计科"和"财务科"产生了浓厚的兴趣。我发现企业对财务部门的叫法不同，当然还有叫"核算科"的。

我又回忆起当年填写志愿时，也曾经为到底选择什么专业苦恼。会计及相关专业真的特别多，而最为接近的会计专业与财务管理专业，最让我纠结。我后来还是听从了父母的意见，他们说会计专业最基础，就业范围最宽。

那么会计与财务是不是一回事呢？

二者是不同的，但又有着相同的方面。从学术角度看，会计似乎包含了财务。这在大学的经济管理院系中经常看到，财务管理专业往往设在会计系中，却很难看到财务系里包括会计专业。

但在实际应用中，大多数企业会设置财务科，用于管理企业会计核算以及其他如财务管理等各项与会计相关的工作。

所以我经常把"会计"比作"猫"。猫是猫科中最普通的一员，但猫科又包含老虎、狮子、豹。这些大型动物都比猫大，但都被划分至"猫科"，似乎猫又高贵于其他猫科动物。所以"会计"放在不同的地方，其包含的内容也不同，既是各类会计相关学科的统称，其本身又是各类会计相关学科的基础学科。

当"会计"为基础学科时，其是指将企业发生的所有经济业务，转换成数据和专业的会计语言，便于理解和记录。即使将会计描述为账房先生，也是恰当的。财务工作是利用会计工作记录的信息，并综合其他信息，如投资情况、税务情况、客户信息以及供应商信息等，对企业进行全面的分析，为企业制定有利可行的方案，从而创造出价值。

此时，会计是企业经营信息的创造者，而财务是信息的利用者。会计注重基础，财务则偏向分析、管理，两者在工作中相辅相成。

1.2　我正在走向优秀

会计是适应生产经营活动的发展需要而产生的，是一个讲究实际经验与专业技巧的职业。虽然很多人给会计这个职业贴上了稳定、枯燥、晋升空间小等各种标签，但随着社会的发展，未来的会计职业会是多种多样的，会计在未来的发展中大有可为。

1.2.1　居然有如此多的会计岗位

我的第一份工作，就是在员工数量不足20人的小单位担任出纳。虽然单位有4个下属子公司，但是每个子公司规模都不大。所以在我的印象中，所有的单位都是一样的，财务科只有两个人，一个出纳，一个主管会计。直到我去了会计师事务所，接触了大大小小的企业，才刷新了我对会计岗位的认知。

企业应该设置多少会计岗位，法律上并未给出明确的规定。但最小的企业，至少也要配备两个会计岗位——出纳和主管会计。随着企业的发展，会计的工作量也会不断增加，对会计人员的需求也会发生变化，设置的会计岗位也会越来越多。因此一个企业应该设置多少会计岗位、设置哪些会计岗位，不但与企业规模以及业务量有关，还与经营管理要求、核算的精细化程度、信息化建设情况等密切相关。某上市公司会计岗位设置情况如图 1-2 所示。

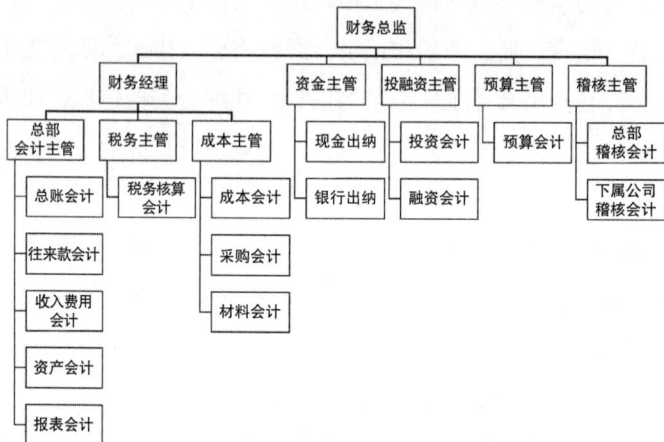

图 1-2　某上市公司会计岗位设置情况

企业的规模越小，会计岗位越少，每位会计承担的工作范围就越宽。企业越大，分工越细，会计就需要轮遍所有的岗位，才能更全面地了解企业的业务。表 1-1 中列举了该上市公司部分会计主管的岗位职责。

表 1-1　某上市公司部分会计主管的岗位职责

序号	岗位	岗位职责
1	财务总监	（1）制定企业的财务制度 （2）融资管理，筹集资金并审核资金的流向 （3）管理、领导企业的财务工作，并进行定期考核 （4）财务分析与预测，并提出改进建议 ……

续表

序号	岗位	岗位职责
2	财务经理	（1）制定企业的财务计划 （2）编制企业的财务预算，控制企业成本 （3）管理企业的会计核算，确保会计核算准确 ……
3	资金主管	（1）制定现金管理制度和支票使用制度 （2）负责资金运作的管理和操作 （3）定期检查现金库存情况 ……
……	……	……

首先，会计岗位的设置要实事求是，结合企业的实际情况，充分考虑企业的规模和生产经营活动。其次，会计岗位的设置要满足企业内部牵制制度。再次，会计岗位的设置要考虑最大限度地提高人员工作效率，用最少的人实现最佳的工作成果；但也绝不能为减少人员而造成岗位职责不清，出纳、会计一人兼任，给员工舞弊提供可乘之机。

会计岗位的轮换非常重要，不仅有助于会计人员全面熟悉企业的业务，激励会计人员不断进取，改进工作，同时一定程度上可以杜绝贪污、舞弊事件的发生。建立岗位责任制有助于优化企业的岗位职能，强化企业的会计管理职能。

1.2.2 会计的职业天花板在哪里

4年的出纳工作让我清醒地认识到，此时的财务经理不足40岁，只要她不退休，我就已经触及了会计的职业天花板，毫无晋升机会。当我取得注册会计师证书，顺利进入会计师事务所时，我才真正意识到，会计领域是如此宽泛。

在一个大型企业，会计可以通过轮岗获得经验的积累，通向会计的顶级职位——首席财务官（CFO）。"条条大道通罗马"用在会计这个行业上还是很恰当的，说明会计的发展路径绝不止一条。成为注册会计师则是会计从业人员的又一条出路。

阿里巴巴的前董事长张某，是会计行业中"神"一般的存在。张某在会计师事务所从审计助理干起，7年的基层经验让他成为普华永道会计师事务所的资深经理，而后转战盛大公司担任首席财务官，最终成为阿里巴巴的首席执行官（CEO）。张某能成为阿里巴巴的接班人，离不开他逻辑严密、算度精准的会计职业素养，也得益于阿里巴巴优秀的企业文化发掘出他的创新力。

张某能从会计成为CEO，与其平时工作勤奋、有成长型思维、不断学习提升自己分不开，无论在哪里任职，张某扮演的远不止会计这一个角色。《财务总监》杂志调查过，全球财富100强企业中，有超过半数的CEO有财务背景，甚至一些CEO还持有会计类证书。

拿破仑曾经说，不想当将军的士兵不是好士兵。同样，不做好职业规划的会计不是好会计。纵观成功会计人士的发展之路，会计职业规划有四大发展方向，如图1-3所示。

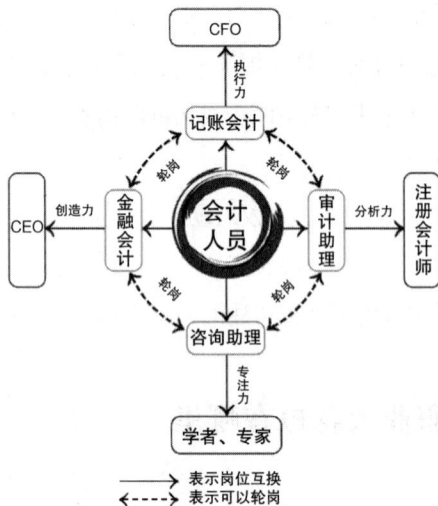

图1-3　会计职业规划

1.2.3　会计该如何规划职业

不足20人的小单位，出纳工作可以用"清闲"二字来形容。空余时间很多，很快就让我"闲得发慌"。领导鼓励我学习，我很快就启动了考证模式。大部分时间，我都躲在会议室里学习，参加了一系列会计职称考试。会计知识的输入，让生活变得充实起来。

没有目标的人生，生活没有意义。没有规划的人生，生活索然无味。作为一名会计，更需要对自己的职业生涯做好规划。有的企业会将会计职称等级与工资挂钩，职称越高，一定程度上也说明知识积累的程度越高。会计职称等级如图 1-4 所示。

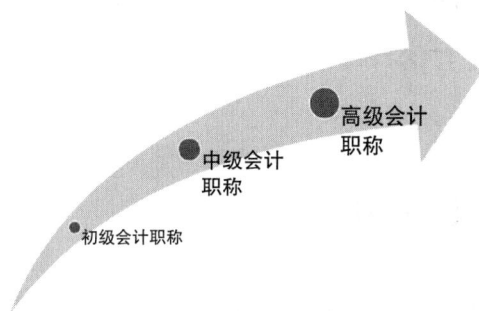

图 1-4　会计职称等级

会计职称不仅是企业对会计人员评级、评薪的依据，也是会计人员选择工作的敲门砖。但"一口吃不成一个胖子"，会计的职业规划切不可心急。

对于刚踏入职场的会计人员，可以通过轮岗的方式，在知识技能上不断提升自己，开阔眼界，打牢地基，然后选择适合自己的发展方向。对于具备一定决策力的会计人员，可以追求"职业高度"，向 CFO 的方向发展。如果会计人员具备创造力和决策力，还可以成为一名优秀的 CEO。

通过学习，当我把成为一名注册会计师作为我的人生目标时，生活充满了乐趣。哪怕一天只能睡上三五个小时，也乐此不疲。每一天都动力十足地完成当天的学习任务。听到注册会计师全科通过消息的当天，我就辞掉了那个几乎人人羡慕的清闲工作。

喜欢追求"职业宽度"和善于分析的会计人员，那就不断提升自己，争取成为一名注册会计师，这也是非常好的职业发展方向。除此之外，资产评估师、税务师、工程造价师等，都是会计职业很好的发展方向。

专注力强、热衷于本领域研究的会计人员，可追求"职业深度"，成为会计界的学者、专家。

1.3 我掌握了生存法则

"法，国之权衡也，时之准绳也。"随着市场经济的发展，不同利益主体因会计问题发生冲突的情况大大增加。为了规范会计行为、调节利益冲突、保护会计的合法权益，与会计相关的法律产生了，而这也是会计必须掌握的生存法则。

1.3.1 会计有没有职业风险

记得刚毕业那年，我与在银行工作的同学私下聊天。在聊到工作时，她告诉我，她每天要数很多钞票，真是数钱数到手软。在我开了一句"能够天天数钱，该多开心"的玩笑时，她似乎有点遗憾地说："那么多钱又不是我的。"

我认真地问她："那你有没有冲动想抓一把放兜里？"她开玩笑地说："我视金钱为粪土，点钱时，我心里都是在默念'粪土，粪土，又一堆粪土'。"

作为一名会计人员，其职业风险远远低于消防员、警察等，但也不能说没风险。会计人员负责货币资金的直接管理，还是内控管理的重要主导者。面对金钱的诱惑时，会计人员不但要克制自己的冲动，还要在面对权威和不正当利益诱惑时，控制好自己的行为。

贵州省某水泥公司在生产经营期间，企业经营者要求会计以做两套账的方式，隐瞒收入约 600 万元，涉嫌逃税金额共计 93 万元。

在审判中，公司的会计大喊冤枉，认为申报多少税不是自己这个小会计能决定的，都是领导指示的。而企业的经营者，也推脱自己完全不懂税法，是会计在做账。最终会计被判处三年有期徒刑，缓刑五年，并罚款 3 万元。

随着企业之间的竞争加剧，为了生存，企业绞尽脑汁，为了微薄的利润，更是拼尽全力。为此不乏有企业主玩弄小心思，唆使会计做两套账，节约税款。这对会计来说是知法犯法，一旦被查出，必然需要承担法律责任。

会计做出触犯法律的行为比比皆是。所以身为一名会计人员，一定要恪守职业道德，学习会计法律的相关知识，不能因为一念之差断送自己的前程。了

解基本的法律常识,也能帮助会计人员在工作中约束自己以及他人的行为。表1-2
中列举了会计工作中会涉及的一些法律法规及规章制度,以帮助大家知法、懂法、
守法。

表1-2 会计工作常用法律法规及规章制度

序号	法律法规及规章制度	实施时间	处罚条款
1	中华人民共和国刑法	1997年10月1日	第一百六十二条 隐匿或者故意销毁依法应当保存的会计凭证、会计账簿、财务会计报告,情节严重的,处五年以下有期徒刑或者拘役,并处或者单处二万元以上二十万元以下罚金。 单位犯前款罪的,对单位判处罚金,并对其直接负责的主管人员和其他直接责任人员,依照前款的规定处罚。 第一百六十二条 公司、企业进行清算时,隐匿财产,对资产负债表或者财产清单作虚伪记载或者在未清偿债务前分配公司、企业财产,严重损害债权人或者其他人利益的,对其直接负责的主管人员和其他直接责任人员,处五年以下有期徒刑或者拘役,并处或者单处二万元以上二十万元以下罚金
2	中华人民共和国会计法	2000年7月1日	第四十二条至第四十五条规定了会计的法律责任
3	会计档案管理办法	2016年1月1日	第二十七条 违反本办法规定的单位和个人,由县级以上人民政府财政部门、档案行政管理部门依据《中华人民共和国会计法》《中华人民共和国档案法》等法律法规处理处罚
4	人民币银行结算账户管理办法	2003年9月1日	第六十四条至第六十八条规定了法律责任和刑事责任
5	中华人民共和国票据法	1996年1月1日	第一百零二条至第一百零六条规定的法律责任中包括刑事责任与民事责任

序号	法律法规及规章制度	实施时间	处罚条款
6	中华人民共和国发票管理办法	1993 年 12 月 23 日	第四十一条 税务人员利用职权之便，故意刁难印制、使用发票的单位和个人，或者有违反发票管理法规行为的，依照国家有关规定给予行政处分；构成犯罪的，依法追究刑事责任
……	……	……	……

1.3.2　法律如何保护会计

2022 年会计界出了一个很大的"瓜"。某演艺人士被某市税务局第四稽查局追缴税款、加收滞纳金并处罚款，共计 1.06 亿元！自此该演艺人士的各类代言合同纷纷被解除，随后造成的其他影响更是无法衡量。

就在大家为此津津乐道时，网上突然抛出该演艺人士被会计人员给坑了的说法。说法一，作为演员本身不懂税，委托会计办理相关事宜，并要求其不要偷税漏税；说法二，会计不会对账，出了问题，隐瞒不报，导致税务人员认为该演艺人士不配合工作。

那么会计该不该"背锅"？难道真的是会计应该来承担这件事情的第一责任吗？显然，在这件事上，如果税务局没有查出问题，受益人并非会计，那么出了问题，会计为何要承担第一责任？

《会计法》中明确将企业负责人作为企业会计行为的责任主体，即会计行为的第一负责人。这样，也就从根本上保护了会计作为执行人承担执行责任，而不是授权的责任。

在企业的实际工作中，企业负责人对企业的财会工作以及相关人员都有最高的管理权、决策权和日常财务收支的审批权。即便企业负责人不直接主管企业的财务，但也由其直接授权其他领导行使权力。

如今很多企业被查出大量的虚假会计资料，有些看似是会计的个人行为，但大多数都是在企业负责人授意、指使的情况下才发生的。有的企业在资不抵债的情况下，指使会计编制虚假的报表，以骗取银行的贷款；有的企业为了少交税或私设小金库，指使会计设置两套账，隐瞒收入、虚列支出等。其实大多数情况下是会计迫于领导权势去做的。

但事发之后，领导却以不懂会计为由，把所有法律责任都推脱给会计承担。不仅从道理上说不通，而且与实际情况也不相符。并且企业对外提供的财务报告也都需经企业负责人审批，应当由其对会计信息的真实性和完整性负责，因此将企业负责人作为会计行为的第一负责人，毋庸置疑。

强调企业负责人是会计行为的第一负责人，并不是要求企业负责人事必躬亲，代替会计处理所有的会计事项；而是应当建立一套有效的内部控制制度和制约机制，明确各岗位的职责权限和纪律要求，建立有效的反馈途径。企业负责人也应要求会计规范会计行为和提升会计信息的质量，从根本上解决会计秩序混乱的问题。

1.3.3　会计的相关法律法规有哪些

我在会计师事务所工作期间，审计过一家规模非常小的企业。这家企业并未依据《小企业会计准则》进行会计核算，使用的财务报表与上市公司使用的报表格式相同。一个小型企业为何选择较为复杂的《企业会计准则》来执行，让我很不理解。

企业的主管会计年龄不大，一直在参加会计职称考试。而这位会计正是通过学习教材的知识，来进行账务处理的。

市面流行的各种考试用教材，基本都是根据《企业会计准则》来编写的。企业在实际执行时，则需要根据企业的规模来选择。企业会计核算的依据主要是《企业会计准则》和《小企业会计准则》。

虽然两个准则都是以会计基本法律法规作为依据，很多会计科目相同，财务报表在格式上也有相同之处。但在核算的具体内容中，两个准则之间是有区别的，《小企业会计准则》和《企业会计准则》的差异如表1-3所示。

表 1-3　《小企业会计准则》和《企业会计准则》的差异

序号	项目	《小企业会计准则》	《企业会计准则》
1	发布时间不同	2013 年 1 月 1 日实施	2007 年 1 月 1 日实施
2	适用范围不同	经营规模较小的企业。但有三种小企业除外：一是股票或债券在市场上公开交易的小企业；二是金融机构或其他具有金融性质的小企业；三是企业集团内的母公司和子公司	适用于中国境内的大中型企业和不适用《小企业会计准则》的企业
3	规范目标不同	其会计确认、计量和报告在《企业会计准则》的基础上进行了简化处理，减少了对会计人员的职业判断	企业可以根据实际经营的需要，选用历史成本、重置成本、可变现净值、现值或公允价值等会计计量属性对会计要素进行计量
4	账务处理不同	核算更为简单，包括资产清查、长期投资以及所得税等多个项目的核算	未进行简化处理，而且设置了详细的核算科目，并进行了详细的账务处理

作为一名会计，必须了解与会计相关的各项法律法规。这些法律法规不但规定了会计应该做什么，怎样做合法，也提醒会计人员违法的后果。掌握并遵守这些法律法规，是每一个会计工作者基本的职业素养，会计基本法律法规见表 1-4。

表 1-4　会计基本法律法规

序号	法律法规	实施时间	主要内容与作用
1	中华人民共和国会计法	2000 年 7 月 1 日	是会计法律层次最高的法律规范，是制定其他会计法规的依据，是指导会计工作的最高准则，并确定单位负责人为单位会计行为的第一负责人
2	中华人民共和国注册会计师法	1994 年 1 月 1 日发布，2014 年 8 月 30 日修订	为发挥注册会计师在社会经济活动中的鉴证和服务作用，规定了注册会计师的考试和注册、业务范围等

续表

序号	法律法规	实施时间	主要内容与作用
3	企业财务会计报告条例	2001 年 1 月 1 日	介绍财务报告的构成，规范企业财务会计报告，保证财务会计报告的真实、完整
4	现金管理暂行条例	1988 年 10 月 1 日发布，2011 年 1 月 8 日修订	规定现金的使用范围、现金的限额以及现金的收、支，强化现金的管理
5	总会计师条例	1990 年 12 月 31 日发布，2011 年 1 月 8 日修订	全民所有制大、中型企业应当设置总会计师。条例规定了总会计师的职责、权限以及任免与奖惩等内容
6	会计档案管理办法	1998 年发布，2016 年修订	对会计档案的立卷、归档、保管、借阅和销毁等方面的管理进行明确的规定
7	会计基础工作规范	1996 年发布，2019 年修订	介绍了会计机构、会计岗位、会计人员、会计职业道德、会计监督检查、会计工作交接、票据与印章、会计科目、会计凭证、会计账簿、财务报告、会计档案、财务信息的规范化等

第

2

章

会计从哪里开始学起

各行业都有自己的行话，会计行业也有着自己独特的语言和交流方式，所以学习会计要先从学习会计的基本语言开始。本章将会涉及会计的基本要素、会计恒等式、科目与账户以及会计基本假设。

2.1　会计是最会搞平衡的职业

会计工作以货币数字的形式将发生的业务表达出来，并将数字归集起来反映企业的资产状况、财务成果及现金流量等。而决策者会利用会计得到的结论来进行决策。可见会计工作的重要性。

如果在记录、归集财务信息的过程中出现差错，会计工作就失去了意义。所以会计会利用平衡的理念，将发生的每笔经济活动，在平衡关系的两边同时进行记录，保持关系的平衡，以此提高记录的准确性。

2.1.1　资产：我们靠什么来赚钱

小时候，爷爷家里养了一只鸭子，鸭子每天都会下一个蛋。爷爷攒上一个月的鸭蛋，就会拿到集市上卖钱。爷爷会用这些钱给我买零食吃。在我看来，爷爷家的这只会下蛋的鸭子，就是爷爷重要的资产。

如果用会计语言来定义这只鸭子，这只鸭子确实就是爷爷的资产。因为会计上认为，资产最重要的一个作用就是在未来赚取更多的钱，带来经济利益。

那么鸭子下的蛋是不是爷爷的资产呢？当然也是，因为鸭蛋也可以卖钱，从而带来经济利益。

那么，在未来可以赚取更多钱的就一定是资产吗？

当然也不是！如果爷爷的这只鸭子，是爷爷远房的一个表哥临时寄养在他家的，那这只鸭子虽然能给爷爷赚到钱，但也不是爷爷的资产，因为鸭子的所有权在爷爷表哥手里。

那么，拥有所有权并且在未来可以赚取更多钱的就一定是资产吗？

爷爷养鸭子的技术逐渐高明，在养鸭子的过程中积累了很多经验。经验最终也会给爷爷带来收益，但经验却不是爷爷的资产。因为成为资产还必须符合可以被量化的条件。

资产可以按流动性以及是否具有实体形态来进行分类。资产的分类如表 2-1 所示。

表 2-1　资产的分类

标准	项目	说明
流动性	流动资产	流动资产就是能够在短期内转化成现金的资产，比如爷爷手里的钱、鸭蛋以及客户还未支付的鸭蛋货款等
	非流动资产	非流动资产就是转化成现金的能力弱的资产，比如爷爷给鸭子建立的鸭舍
是否具有实体形态	有形资产	有形资产就是能看得见、摸得着的资产，比如爷爷的鸭子、鸭舍
	无形资产	无形资产就是没有实物形态的资产，比如爷爷为了区别别人与自己的鸭蛋，在鸭蛋上贴上标签，并给自己的鸭蛋申请的商标权

2.1.2　负债与所有者权益：赚钱的本钱从哪里来

如果鸭生蛋，蛋孵鸭，有更多的鸭子就可以下更多的蛋，卖更多的钱。于是爷爷便向邻居借来鸭子。"鸭生蛋，蛋孵鸭"的循环，让爷爷可以获得更多的钱。

但鸭子不能总向邻居借，于是爷爷与邻居商量，是否可以出钱买鸭子，邻居看爷爷很诚恳，也就同意了。但爷爷手中没有那么多钱，邻居同意爷爷半年后付钱。

爷爷通过欠钱的方式买来邻居的鸭子，这种欠钱买东西的方式称为"赊购"。会计语言则把欠别人的钱称为"负债"。负债是一种清偿责任，是一种当下需要承担，并且在未来需要履行的义务。

负债也可以按流动性进行分类，如表 2-2 所示。

表 2-2　负债的分类

序号	项目	说明
1	流动负债	流动负债是在短期内需要偿还的负债，比如爷爷要在半年时间内偿还邻居的买鸭钱
2	非流动负债	非流动负债偿还的时间超过流动负债，一般是指偿还时间超过 1 年的负债

资产是怎么来的呢？资产的来源无非两种渠道，一种是从债权人那里借，另一种是由股东投资。而后者在会计中又被称为所有者权益。

爷爷在我父母的鼓励下，决定成立一家养鸭公司——东方养殖公司，并把自己价值 5 万元的鸭子和积攒的 6 万元的积蓄都投入公司里，爷爷是东方养殖公司唯一的股东，拥有 100% 的股权。当年就赚了 6 万元。

爷爷成立公司的钱，是从自己的腰包里掏出来的。在会计上我们把爷爷投的钱、实物，以及后续公司经营赚的钱统称为"所有者权益"。顾名思义，所有者权益就是公司的所有人所能享受的权益。

所有者权益是企业所有者对净资产享有的权益，既可以反映企业所有者投入资本的保值增值情况，也可以体现保护债权人权益的理念。

2.1.3　收入、费用与利润：到底有没有赚到钱

爷爷的养殖公司成立后，因鸭子都是散养的，鸭蛋的质量好，很多客户都慕名而来。短短一个月的时间就卖了 100 000 元。

爷爷养殖公司的鸭蛋卖的这 100 000 元，在会计上被称为"收入"，是属

于东方养殖公司的一种经济利益流入。收入是经营活动带来的产物，但东方养殖公司卖的 100 000 元的鸭蛋款，并不是指东方养殖公司赚了 100 000 元。

爷爷需要每天起早贪黑地喂鸭子、拾鸭蛋。忙不过来的时候，还要在村里找人帮忙，每月一共支付 22 000 元的工资。不仅如此，爷爷每月需要花 20 000 元购买饲料，每月支付水电费 10 000 元等。

有付出才有收获，东方养殖公司每月的付出在会计上被称为"费用"。为了饲养鸭子购买饲料的支出、聘请人工的费用以及水电费等就是东方养殖公司的费用。

东方养殖公司一个月获取的收入为 100 000 元，发生的费用合计 52 000 元，用收入扣除费用后，养殖公司一个月赚了 48 000 元。

如果养殖公司的部分鸭子因患传染病而亡，剩余的鸭子产蛋量远远不能满足销售，导致该月的收入仅有 5 000 元，且发生的费用为 40 000 元，那么收入减掉费用为 –35 000 元，公司就赔钱了。

48 000 元和 –35 000 元便是东方养殖公司取得的利润，一个是正利润，一个是负利润。利润是企业在一定会计期间的经营成果。

利润按照构成的层次不同，可以分为营业利润、利润总额和净利润。三者之间的关系如图 2-1 所示。

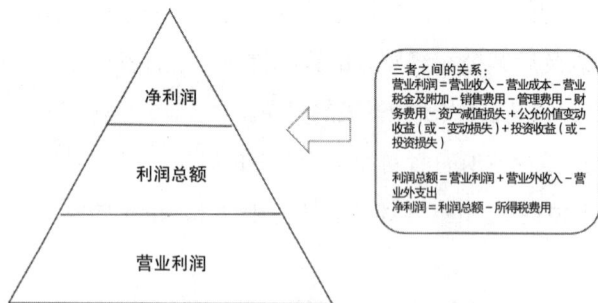

三者之间的关系：
营业利润 = 营业收入 – 营业成本 – 营业税金及附加 – 销售费用 – 管理费用 – 财务费用 – 资产减值损失 + 公允价值变动收益（或 – 变动损失）+ 投资收益（或 – 投资损失）

利润总额 = 营业利润 + 营业外收入 – 营业外支出
净利润 = 利润总额 – 所得税费用

图 2-1　利润按层次分类

2.1.4　会计恒等式：两条腿走路的会计才能保持平衡

话说猴群的一只大猴子捡到一块表，这块表可以提醒猴群什么时候吃饭、什么时候睡觉，从此猴群有了时间规则。表被猴群奉为宝物，大猴子受到猴群的爱戴和尊重，并被推崇为猴王。

然而有一天，另一只猴子也捡到一块表，那宝物多了一个，应该是件好事吧？然而问题出现了，两块表的时间不一样，于是猴群炸了锅，不知道哪个时间是对的，哪个时间是错的。

猴群的秩序被打破，猴王的权威受到了挑战。最后猴群中有只大猴子想了个办法，把两块表的时间调成一致。猴群又恢复了平静。

哪块表的时间是正确的并不重要，只要两块表的时间是完全相同的，猴群就视同时间是正确的。会计上也运用了这个原理。为了确保核算过程不出现差错，会计利用了一个公式，每当发生一项经济活动时，会计就会在公式的两边同时记录。这样，只要公式保持恒等关系，核算差错率就大大降低了。

会计恒等式应运而生。而会计恒等式就是利用了本章前三小节所讲的资产、负债、所有者权益、收入、费用与利润六大会计要素来编制的。会计恒等式见表 2-3。

表 2-3　会计恒等式

类型	公式	说明
静态会计恒等式	资产 = 负债 + 所有者权益	反映企业某一时点的全部资产及其相应的来源情况，是静态的资金运动情况
动态会计恒等式	收入 – 费用 = 利润	反映企业利润实现的过程，是动态的资金状况

让我们来看看会计恒等式是如何发挥作用的。

爷爷投资成立东方养殖公司，投资 6 万元。

资产 = 负债 + 所有者权益

6（万元）=0+6（万元）

如果爷爷只有 6 万元积蓄，而东方养殖公司的启动资金需要 10 万元，于是爷爷向邻居借了 4 万元。此时的会计恒等式如图 2-2 所示。

资产 = 负债 + 所有者权益
6 万元 ＝ 0+6 万元
+4 万元 ＋4 万元
10 万元 = 4 万元 +6 万元

> 4 万元增加东方养殖公司的负债的同时，也使得东方养殖公司增加 4 万元的银行存款，也就是资产增加了 4 万元

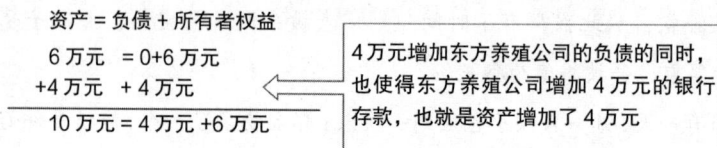

图 2-2　东方养殖公司借款后的会计恒等式

但静态与动态下的会计恒等式并不能完整反映六大会计要素之间的关系，因此将静态会计恒等式与动态会计恒等式合并，即：

资产 + 利润 = 负债 + 所有者权益 + 收入 – 费用

但因为企业获取的利润按照规定分给企业投资者后，剩余的部分归企业投资者共同享有，所以也属于所有者权益的组成部分，因此该公式可以变为：

资产 + 费用 = 负债 + 所有者权益 + 收入

随着东方养殖公司的规模不断扩大，爷爷决定逐渐扩大养殖的规模，东方养殖公司 4 月发生的一系列的经济业务如下。

1. 为构建鸭棚，向银行借款 10 万元，借款期限为一年。

2. 客户订购一批鸭蛋，货款为 2 万元，货已送达指定地方，但货款暂未收到。

3. 预定了一批鸭子，价值 3 万元，通过银行转账的方式支付，双方约定下月送达。

4. 购入一批新的办公设备，价值 1 万元，货款已通过银行转账的形式支付。

5. 将企业的资本公积 1 万元转增资本。

6. 通过银行转账的方式支付了一笔咨询费 1 万元。

将养殖公司发生的业务按照会计恒等式表现出来，如图 2-3 所示。

	资产	费用		负债	所有者权益	收入
1	+10			+10		
2	+2					+2
3	+3 -3					
4	+1 -1					
5					+1 -1	
6	-1	+1				
	+11	+1		+10	0	+2

图 2-3 公司经济业务发生情况

静态会计恒等式是会计的基本等式,而动态会计恒等式是对基本等式的补充,两者合并形成的等式则是基本等式的发展,是将财务状况要素与经营成果要素进行有机结合的结果,完整反映企业财务状况与经营成果之间的内在联系。

2.1.5 恒等式的应用:为了一分钱加一夜的班

拿到注册会计师证后,我便进入了会计师事务所工作。在会计师事务所,加班是很常见的。但让我印象深刻的一次加班,发生在我兼任会计师事务所主管会计的工作期间。

结账时,我发现资产不等于负债加所有者权益。单位唯一一台 386 计算机是出具审计报告用的,所以那时候全部都是做手工账。一旦会计恒等式不等,就意味着账错了。而差错只有一分钱。

因为白天要去企业做审计,会计的工作只能晚上加班干出来。我把当月所有的业务和会计资料几乎全部核对了一遍,从记账凭证到账簿,再到科目余额表与账簿的核对。直到次日凌晨,共发现三处记录的差错,最终解决了这一分钱之差。

会计恒等式就像天平,我们经常听会计说"财务报表不平",就是指这种恒等关系被破坏了。

找错误是件困难的事情，要从几千条、几万条记录里查找，而且会计核算的任何一个环节出错，都有可能导致财务报表不平，如果涉及会计人员众多，很难知道是谁出了错，一群人找上几天也是有可能的。

有经验的会计人员经常说，会计工作就像两条腿走路的人，平衡关系一旦被打破，人走路就不稳了，会计核算就会出差错。差一分钱找好几天，经常用来形容会计人员的较真态度。要找到出错的原因，着实不是件容易的事。而现在的会计核算大多已经电算化了，也就是用会计软件记账，会计恒等式不平衡的情况已经大为减少。

2.2　会计科目与账户

资产、负债、所有者权益、收入、费用和利润构成会计恒等式，也被称为会计的六大要素。但是如果仅用这六大要素对业务进行核算记录，显然不够详细。所以为了细化各要素的内容，会计科目和会计账户应运而生。

科目与账户都是对会计要素具体内容的分类结果，两者核算的内容相同，性质也相同。但科目只是名称，账户是具体的运用。科目是账户设置的依据，科目的性质决定了账户的性质。同样科目的分类决定了账户的分类。

2.2.1　会计科目有哪些分类

爷爷成立了东方养殖公司，并把自己积攒的6万元的积蓄都投到公司里，又将价值5万元的鸭子也投到了公司里。

虽然鸭子和钱都属于公司的资产，两者的使用价值却完全不同。会计在进行记录和核算时，需要更详细地区分不同的资产。

为了核算清晰，会计上会将鸭子等活体资产称为"生物资产"，将钱称为"货币资金"。这些"生物资产""货币资金"等被统称为会计科目，会计科目就是对会计要素对象的具体内容进行分类核算的类目。会计科目就是对会计要素的具体内容进行分类核算的项目。

按照性别，人可以分为男和女；按照肤色，人又可以分为白种人、黄种人和黑种人等。同样是人，分类标准不同，可能就有不同的类别。会计科目也是如此，分类标准不同，会计科目也有不同的类别。会计科目的分类如表 2-4 所示。

表 2-4　会计科目的分类

分类标准	包含内容	说明
反映的经济内容	资产类科目	以资产所处的形态、用途和地点，资产可以细分为货币资金、应收账款、生物资产、固定资产、无形资产等
	负债类科目	按照企业所欠钱款对象的不同，负债可以分为短期借款、应付账款、应交税费、应付职工薪酬等
	所有者权益类科目	以所有者享有权益的不同，所有者权益可以分为实收资本、资本公积等
	成本类科目	以企业产品或项目为标准，成本可以分为生产成本、劳务成本等
	损益类科目	具体包括营业收入、营业成本、销售费用、管理费用等
详细程度及其驾驭关系	总分类科目	对会计对象的具体内容进行总分类，提供总的预算指标，起统驭和控制作用。如固定资产、应付账款等
	明细分类科目	对总分类科目所包含的内容进行详细分类，提供具体的核算指标，是对所属的总分类科目的补充和说明。如固定资产——某汽车 ×× 型号、应付账款——×× 贸易有限公司

2.2.2　不是所有的会计科目都用得上

在我原来的认知里，企业的会计科目都是一样的，因为执行的都是国家统一规定使用的会计准则。但当我进入会计师事务所执业后，接触到更多企业的账目，这才发现不同企业使用的会计科目也是有所区别的。

即使是同一行业的企业，因企业的规模、涉足的领域不同，其选择使用的会计科目也会有所差异。如一个对外投资成立子公司的企业，就会用到"长期股权投资"科目，而规模较小的企业通常不存在对外投资，所以并没有启用"长期股权投资"科目。

不仅如此，即便两个公司所使用的会计科目相同，但对应的二级科目也有可能不同。这是因为两个公司的客户群体有可能不同。举个例子，同样是"应收账款"一级科目，规模小的建筑公司是"应收账款——张三公司"，而规模大的建筑公司是"应收账款——置业房地产公司"。

即便使用相同的一级科目，但所对应的二级科目却不同。

无论是《企业会计准则》还是《小企业会计准则》，都包含很多会计科目。但对企业而言，并不要求所有的会计科目都必须使用。一级会计科目名称是不能随意变更的，但可以依据企业生产经营的需要选择适用的会计科目，二级或三级会计科目，企业则可根据实际情况自行设定。

东方养殖公司因养殖规模有限，所使用的会计科目比较少，只涉及"银行存款""主营业务收入""主营业务成本""管理费用"等一些常规的会计科目，对于"长期股权投资""资本公积"等科目则基本不会涉及。

2.2.3 "丁"字账揭示会计账户的基本结构

如果说会计科目仅仅是一个名称的表达，那么会计账户就是会计科目的具体应用，其有着独特的结构表现。企业把经营的相关信息转换成数据，反映在会计账户中，账户是企业分类、归集、整理原始数据和其他会计资料的手段。

账户结构也就是会计科目的"房间"，要想知道会计账户的结构，首先要了解会计账户是什么。在上文中已经对会计的六大要素进行了系统的介绍，而会计账户就是依据会计要素进行的科学分类结果。会计账户具有一定的结构，是用来系统、连续地记载企业发生的各种经济业务，反映会计要素的增减变动和结果的一种工具。

账户作为记录和反映经营活动的一种形式，对各经济活动引起的六大要素的变化进行归集和汇总。尽管引起资金变动的经济活动错综复杂，但从数量上看无外乎两种——增加和减少。

账户分成左右两部分，账户的左边称为"借方"，账户的右边称为"贷方"，统称为丁字账户，因其形状与大写字母"T"一样，也被称为 T 型账户。丁字账户如图 2-4 所示。

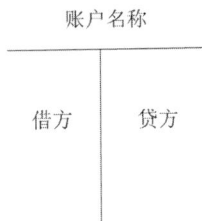

账户名称

借方　　　　贷方

图 2-4　丁字账户

但至于账户的哪边登记金额的增加，哪边登记金额的减少，就取决于所记录的经济业务的活动和账户的性质。对于资产类科目，借方代表增加，贷方代表减少，而负债类科目与所有者权益类科目则刚好与资产类科目相反。

2.3　会计的记账方法

会计是商业世界的通用语言，会计通过记账等一系列手段，将全世界的企业发生的经营活动用相同的语言表达出来，使得企业之间具备可比性。所以会计记账需要使用统一的方法，并根据一定的原理、记账符号、记账规则，采用一定的计量单位，利用文字和数字在账簿中登记经济业务。

随着决策者对会计数据依赖性的提高，会计记账方法不断演变和进化。记账方法已从最早的单式记账法发展到增减记账法、收付记账法、借贷记账法，而后三者又被统称为复式记账法。

2.3.1　单式记账法并未远去

爷爷平时有记账的习惯，会把自己的每笔开销都记录下来，比如中午买一份包子套餐花了 10 元，就会在记账本上写着支出 10 元；在市场里买修鸭舍的工具花了 60 元，就会再记支出 60 元；收到卖鸭蛋的 500 元，就会在记账本上记上收入 500 元……

像爷爷这种"流水账"式的记账方法就是单式记账法。单式记账法是一种较为简单、容易掌握和理解的记账方法，对发生的每笔经济业务都只在一个账户进行登记。

爷爷需要买点维生素给鸭子补充营养，但没带足够的现金。邻居也在逛市场，就借给爷爷 300 元买维生素。

买了 300 元的维生素，但是现金却没有减少。如果使用单式记账法，那么这项借款形成的负债就无法得以记录。单式记账法的缺点就是无法记录多项目的余额。

如果对多个项目进行单独的记录，比如应收账款单独记录、货币资金单独记录，也可以全面记录业务的路径，但由于单式记账法不需要利用会计恒等式进行平衡关系核对，所以每个账户之间没有直接联系，仍然无法系统地记录整个经济活动的情况。

由于单式记账法形成记录的准确性是无法得到保证的，因此单式记账法在会计上属于被淘汰的记账方法，但在备查登记一些会计事项时还会被经常性地使用，如备查账的登记、现金流水账的登记。一些非会计专业人员记录数据也会使用单式记账法。

2.3.2 复式记账法更科学

爷爷查看记账本想了解赚了多少钱。记账本虽然登记了钱是怎么出去、怎么进来的。但是记账本的余额并不代表都是爷爷赚的钱。爷爷突然想起从邻居处借了 300 元，但是哪天借的，在记账本上没有查到任何记录。

由此可以发现流水账的记账方法对事情的反映并不全面。直接用现金买（维生素），爷爷手里的钱会减少，但是借款购买的资产（维生素）就无法得到记录。虽然借款不用立即归还，但是如果记不住，未能到期归还，爷爷就会失去邻居的信任。

如果爷爷每发生一笔业务，同时记录两项：得到了什么？怎么得到的？那就可以全面反映发生的业务，而且能够提高记录的准确性，这就是复式记账法。

　　复式记账法就是通过两个或两个以上相互关联账户的增减变动情况，反映经济业务的来龙去脉，记录经济活动的过程和结果。复式记账法遵循资金运动的规律，并利用会计恒等式，让每一笔经济活动都保持着账户之间的平衡关系，有利于查账和对账，大大提高了业务记录的准确性。

　　爷爷购买的工具是用现金付款的，分析如下。

　　得到了什么：一项资产增加 60 元，这里指得到了工具。

　　怎么得到的：另外一项资产减少 60，这里指现金减少了 60 元。

　　再结合会计恒等式看一下，如表 2-5 所示。

表 2-5　会计恒等式（一）

左边	右边
资产增加 60 元 资产减少 60 元	负债
	所有者权益
资产 = 负债 + 所有者权益	

　　复式记账法下，每发生一项经营活动，同时有两个或两个以上的会计账户发生变化，并且这种变化是让会计恒等式保持不变的。

　　爷爷用向邻居借的钱买了 300 元的维生素，资产增加了 300 元的同时，负债也增加了 300 元。会计恒等式如表 2-6 所示。

表 2-6　会计恒等式（二）

左边	右边
资产增加 300 元	负债增加 300 元
	所有者权益
资产 = 负债 + 所有者权益	

　　复式记账法主要有借贷记账法、收付记账法和增减记账法。每种记账方法

各有千秋，都是对企业真实业务的记录和报告。

2.3.3　借贷记账法使用更为广泛

借贷记账法是复式记账法的一种，虽然不如收付记账法和增减记账法容易理解和学习，但因为其科学性更强，被更广泛地应用。毕竟会计核算的目的是要通过科学的记账方法来反映实际业务的情况。

只有客户支付了货款，爷爷才会把鸭蛋卖给客户。对于购买数量多的客户，每次爷爷也要求其当场支付款项，无非是会给予一定的优惠。

爷爷失去了对鸭蛋的控制权，但得到了金钱。与爷爷卖鸭蛋类似，借贷记账法的本质也是从"得失"两个维度看一笔经济业务，记账时不仅要记录"得到的部分"，还要把"失去的部分"也记录下来，得到和失去的部分价值是一样的。

而"得失"两个维度就分别对应借贷记账法的记账符号"借"和"贷"，得失的部分价值一样，其本质就是借贷记账法的记账规则"有借必有贷，借贷必相等"。借贷代表着得失，那何时为得，又何时为失，就应该根据账户的结构进行准确说明。账户的结构如表 2-7 所示。

表 2-7　账户的结构

资产类账户	
借方	贷方
记录资产增加额	记录资产减少额
期末借方余额	
负债及所有者权益类账户	
借方	贷方
记录负债及所有者权益减少额	记录负债及所有者权益增加额
	期末贷方余额
收入类账户	

续表

借方	贷方
记录收入减少额	记录收入增加额
期末结转至本年利润	
费用类账户	
借方	贷方
记录费用增加额	记录费用减少额或转出数额
期末结转至本年利润	

在借贷记账法下，可以根据账户的余额判断账户的性质，若账户期末借方余额则该账户属于资产类账户，若期末为贷方余额，则说明该账户是负债或所有者权益类账户。根据账户余额判断账户的性质也是借贷记账法的一个特点。

2.3.4　如何利用试算平衡找平衡

如果每发生一项经营活动，会计就进行业务的记录，而每一笔记录都是正确的，那么会计恒等式"资产 = 负债 + 所有者权益"就会始终保持平衡关系。但往往在实际操作中，当业务量巨大、会计的数量众多时，极容易产生一些客观差错。这时候就会引用"试算平衡"来确保平衡关系未被打破。

所以，试算平衡就是利用借贷记账法的"有借必有贷，借贷必相等"的逻辑，对所有账户的发生额和余额进行汇总计算，以确定会计恒等式始终处于平衡状态。试算平衡的分类如表 2-8 所示。

表 2-8　试算平衡的分类

序号	分类	说明
1	发生额试算平衡	通过全部账户的借方发生额合计数与贷方发生额合计数是否相等检验账户记录的正确性。平衡公式为：全部账户本期借方发生额合计 = 全部账户本期贷方发生额合计

续表

序号	分类	说明
2	余额试算平衡	通过全部账户期末的借方余额合计数与贷方余额合计数是否相等检验账户记录的正确性。平衡公式为：全部账户的期末借方余额合计 = 全部账户的期末贷方余额合计

　　试算平衡工作是通过编制试算平衡表完成的。如果试算平衡表借方余额合计数和贷方余额合计数不相等，说明肯定存在错误，就需要企业予以查明，纠正错误。

　　爷爷记流水账的方式不仅不符合公司要求，而且还存在各种弊端。随着养殖公司规模不断扩大和业务不断增多，爷爷聘请了专业的会计人员处理养殖公司的账务问题，会计人员处理账务后，在进行结账前的余额试算表如表2-9所示。

表2-9　结账前的余额表

单位：元

账户名称	借方余额	贷方余额
库存现金	600	
银行存款	10,560	
应收账款	3,970	
库存商品	6,070	
原材料	3,306	
固定资产	11,470	
短期借款		13,000
应付账款		6,374
实收资本		20,000
主营业务收入		7,922
主营业务成本	4,100	
销售费用	2,310	
管理费用	4,010	
合计	46,396	47,296

余额表的借方合计金额和贷方不相等，会计人员通过核对日记账等发现了如下错误。

1. 用银行存款支付电话费 214 元，被错记成 124 元。

2. 购入一台打印机，价值 3,600 元，错误记入"库存商品"账户中。

3. 用银行存款支付每月的电费 176 元，记账时管理费用增加了 716 元。

随后对错误进行了修改，修改后使账户金额发生如下变化。

1. 银行存款 +124−214，管理费用 +124−214。

2. 库存商品 −3,600，固定资产 +3,600。

3. 银行存款 +716−176，管理费用 +716−176。

经过修改后的余额表如表 2-10 所示。

表 2-10　修改后的余额表

单位：元

账户名称	借方余额	贷方余额
库存现金	600	
银行存款	11,010	
应收账款	3,970	
库存商品	2,470	
原材料	3,306	
固定资产	15,070	
短期借款		13,000
应付账款		6,374
实收资本		20,000
主营业务收入		7,922
主营业务成本	4,100	
销售费用	2,310	
管理费用	4,460	
合计	47,296	47,296

2.4 会计的基本假设

会计假设是会计核算的基础。会计的基本假设是会计确认、计量和报告的前提，是对会计核算所处时间、空间等所作出的合理设定。

会计的基本假设包括会计主体、持续经营、会计分期和货币计量。正是因为会计有四个基本假设，才让众多的企业、五花八门的经营活动、不同的经营时期和各不相同的计量单位都有了统一的核算基础，便于企业之间的比较，激发企业的竞争意识。

2.4.1 会计主体：分总公司、母子公司有什么区别

邻居对爷爷成立的东方养殖公司非常看好，也想跟着干，便与爷爷商量，投入 2 万元，以后和爷爷各占有公司一半的收益。爷爷还没答应呢，邻居就把钱塞给了爷爷。

之后，我和爷爷一起到邻居家，把钱退还给了邻居。并向邻居说明，虽然爷爷成立了东方养殖公司，但爷爷和养殖公司是两个不同的主体。邻居如果真要投资，也是把钱打到东方养殖公司账户上，才算真正的股东。

很多村民都不以为意，认为东方养殖公司就是爷爷，爷爷就是东方养殖公司。为此还闹过一段时间的误会。

那么在会计核算中，最重要的一个前提就是要确定核算的主体是谁。爷爷是一个自然人，而东方养殖公司虽然是爷爷投资的，但却是一个法律意义上的"人"，我们称之为"法人"。所以，二者在法律上的定义是完全不同的，不能混淆。

爷爷有爷爷的资产，东方养殖公司也有东方养殖公司的资产。虽然东方养殖公司完全是爷爷投资的，但是东方养殖公司的资产也只能是间接属于爷爷的。比如，如果东方养殖公司有债权人，那东方养殖公司清算时，资产是需要先用于偿还债权人的，偿还债权人后剩余的资产才能归属爷爷这个股东。

会计主体与法律主体有时候并不能完全统一。比如东方养殖公司跨市成立

了一个分公司，那么这个分公司在法律上是不能独立承担法律责任的，但是这个分公司可以独立建账，独立核算。那么此时东方养殖公司以及分公司是同一个法律主体，但可以有两个核算的会计主体。

那么分公司与子公司是不是一回事呢？

举个例子，母亲与成年儿子的关系，就相关于母、子公司的关系。儿子如果做了错事，母亲是不需要受到法律惩罚的。所以母、子公司是独立的法律主体，也是独立的会计主体。

再举个例子，如果母亲手持重物误伤了他人，警察一定不会只把母亲的手抓进监狱。而母亲与手的关系，就相关于总、分公司的关系。手仅仅是母亲肢体的一部分，分公司也仅仅是总公司的分支，分公司是不能独立承担法律责任的。

2.4.2　持续经营：不是每个企业都能持续经营

为了扩大东方养殖公司的规模，爷爷向亲朋好友借钱 20 万元，准备再盖一批鸭舍。爸爸劝爷爷不要投入太多，万一市场不好，鸭蛋卖不出，公司就会破产。

爷爷很有自信，明确已经调查过市场，至少在两年内鸭蛋都不会出现卖不出的情况。爸爸却认为鸭舍至少可以用五年，就算前两年鸭蛋卖得好，第三年卖不出了，鸭舍的成本谁来承担？

爸爸的顾虑对不对呢？当然是对的，任何一个企业成立之初都有着良好的愿景，但也都会面临倒闭的风险。能够做到百年的企业又有多少呢？

对于持续经营五年的东方养殖公司，在会计核算上，可以分五年将鸭舍的成本计入鸭蛋的成本中。如果东方养殖公司只能经营两年，那么每个鸭蛋的成本就会增加，因为鸭舍的成本需要在两年内计入鸭蛋的成本中。

那么问题来了，谁能知道东方养殖公司到底可以经营几年呢？如果没有人能准确预测经营年限，会计该如何选择建造鸭舍的成本计入鸭蛋成本中的年限呢？

为了让会计核算能够顺利进行，会计上就设置了持续经营的假设条件。我们无须预测企业的经营期限，而是假设企业可以持续处于正常的生产经营状态，不会倒闭。

2.4.3 会计分期：为何会计结账日是年度最后一天

爷爷的东方养殖公司越干越红火，村里其他人也开始效仿，成立鸭子养殖公司。其中有几家的声势搞得挺大，不乏村民开始相互比较，传言越来越多。爷爷心里也不服气，想和那些养殖公司光明正大比一比，看看哪家开得更好，哪家更赚钱。

村主任特意来主持公道，要想判断谁家开得好，就要有一个可以量化的指标。经过大家的讨论，最终确定了利润的计算口径和方法。但是爷爷提出一个问题："利润从何时开始算，到何时截止呢？"

如果没有一个确定的时间段，那计算出来的利润就还是没有可比性。也就是说企业在持续经营的情况下，业务活动是周而复始的。如果有的企业十天一结账，有的企业十五天一结账，那么企业之间就没有可比的基础了。

这也就是会计分期的作用。会计分期就是人为将企业的生产经营及其经营结果分成一个个连续的、间隔相同的期间，是对会计时间的界定。就像东方养殖公司与其他养殖公司的对比，都是按年计算收入和利润，这样的比较才具有意义。会计分期是以完整的月度、年度来进行的，是会计核算的基本前提之一。

会计分期假设是持续经营假设的一个补充。会计分期为会计主体提供各个会计期间的经营成果和财务状况的变动信息。如果没有会计分期假设，企业就不存在"收入实现""费用分配"等，也不存在"收付实现制"和"权责发生制"，自然也就不会定期编制财务报表，为会计主体提供相关的会计信息。

正是因为会计分期，才产生了当期和以前期间、以后期间的分类，才让不同类型的会计主体有了记账的基准，从而产生了折旧、摊销等会计处理方法。

2.4.4 货币计量：外币账户也要用人民币记账吗

虽然最终村主任和大家一起商讨，决定以利润的多少来判断到底哪个养殖公司最好。但在确定利润这一指标之前，大家的讨论还是非常激烈的。

有村民提出应该以产蛋量做比较，又有人说卖不出去，产蛋再多也没用；有的村民提出以鸭舍的面积做比较，又有人说盖了鸭舍不养鸭有啥用；有的村民则提出以雇佣的员工人数做比较，又有人说自己的亲属都来帮忙该怎么算员工人数。

提议五花八门，最终村主任拍板，认为公司生存的目的就是赚钱，那么哪个公司的利润最多，哪个公司就最好。

无论是产蛋量、鸭舍的面积，还是雇佣的员工人数，在进行比较时，反映一个企业的经营成果都很片面，而用货币计量的利润才更有代表性。企业的经济活动是多种多样、错综复杂的。为了能够合理反映企业的各项经济活动，就要有一个统一的计量尺度，而货币刚好可以将原本复杂的经济活动通过量化进行统一。

爷爷的养殖公司越做越大，鸭蛋甚至远销国外。鸭蛋出口到国外，赚回来的却是美元。爷爷很高兴，不舍得将美元换成人民币，告诉会计美元就放在美元账户即可。

美元与人民币是存在汇兑关系的，会计该如何记录美元呢？如果货币不一样，数字就不能简单地相加，那如何计算利润呢？难道美元形成的利润和人民币形成的利润要分别列示吗？如果不准确列示利润，那怎么和其他养殖公司比较呢？

既然要用以货币计量的利润做比较，那还要剔除不同计量单位造成利润之间的不可比因素。由于中国企业几乎都是用人民币进行结算，那么美元账户也应该折算成人民币来进行计量。

我国的记账本位币是人民币，但也有例外。有的企业日常涉外业务较多，必然也涉及外币的收支，但要做到对每一笔外币收支业务折合为人民币记账，这也给会计核算和管理造成极大的不方便，因此对以人民币以外的货币为主的企业，可以选择一种外币作为记账本位币，但编制财务报告时还是要折算为人民币。

会计核算选择人民币计量，更有助于有关部门对综合反映企业财务状况和经营成果的财务报告的理解和运用。财务报告提供的会计信息，是宏观经济管理的重要资料来源，同时也是投资人、债权人及相关的会计信息使用者了解企业经营活动的重要依据。

2.5 会计的基本原则

会计需要准确核算经营业务，因此会计核算有着统一的规定。但规定存在滞后性，新的行业和新的业务不断被创新出来，而各种会计核算的规定还远远落后于社会的发展。

各种规定看起来很多、很全面，但在具体执行过程中，仍然无法涵盖所有的业务。因此，我们就必须制定一些基本原则，所有参与会计核算以及使用会计核算成果的人，应以这些原则作为指导，以确保会计核算的准确性。

2.5.1 如何进行业务的核算

进入会计师事务所后，随着接触的企业不断增多，看到的新奇事情也就多了。以往那些只能在新闻中看到的"事故"，发生在了身边人的身上。

让我印象深刻的是建筑公司的经营者与会计大吵的画面。当时有一个工程项目已经完工结算，但由于对方没按合同给付工程款，会计便按应收金额确认了收入。我去这家公司时，正遇到这位经营者向会计大发雷霆。

经营者认为没收到钱就确认收入会多交税，而且形成了利润却没有现金，还要给股东分红，百害而无一利。但是会计坚持自己是按会计准则的要求记账的，没有问题。

在很多经营者的认知里，没有收到钱的销售，不能算真正意义上的销售。但在会计的认知里，钱没收回来，并不代表销售不成立。两人的矛盾就是对收付实现制和权责发生制的应用不同。

收付实现制以货币资金为主要衡量标准，简单点说，就是钱收到了，就记账，钱未收到，就不记账。说到这里，大家应该能联想到单式记账法，单式记账法看起来容易理解，但却存在缺陷。

已经发生的销售行为，只要未收钱就不记账，那就会导致应收对方款项无法得到记录。那么会计也就无法准确核算已经发生的经济活动。而权责发生制，则是以权力、责任为衡量标准，只要取得了获取货币资金的权力，那么无论钱收没收回，都要确认收入，进行相应的会计核算。

作为会计，在坚持会计核算确认和计量的一般原则时，要将原则对应的原理向非专业人士解释清楚。确认和计量的一般原则共有四项，详见表 2-11。

表 2-11　确认和计量的一般原则

序号	具体原则	说明
1	配比原则	当在某一会计期间实现收入后，应当确认与收入配比的成本、费用，完整地反映经营活动
2	权责发生制原则	会计的核算应当以权力、责任的发生时点作为确认核算的基础。其与收付实现制对应
3	实际成本原则	企业取得各项资产应当按照取得时的实际成本计价，一般情况下不得调整其账面价值
4	划分收益性支出和资本性支出原则	以企业一项支出的效益是否长于一个会计期间作为划分标准，效益长于一个会计期间的属于资本性支出，短于一个会计期间的则属于收益性支出

2.5.2　如何准确进行业务核算

还是那家建筑公司的事，虽然未收到的工程款该不该确认收入已经解释清楚了。但是随后，两个人又吵了一架，而得知吵架的原因后，我立刻站在了经营者这一边。

起因是公司订阅的报刊，一次性交一年的费用 260 元。会计按照权责发生制原则，将 260 元计入资产中，再每个月进行一笔分摊费用的操作……

经营者说得很有道理，看起来会计整天忙忙碌碌，实则把时间消耗在这鸡毛蒜皮的小事上了。这位会计认真、严谨，讲原则的态度确实值得赞扬。但同时，会计核算的目的是给经营者提供决策依据。

对于微小的单一事件，即使未能准确核算，也不足以影响经营者的判断，但若因此增加了会计的工作量，那么这样的操作就不符合重要性原则。所以，在准确进行业务核算的过程中，也规定了三项起修正作用的一般原则，见表 2-12。

表 2-12　起修正作用的一般原则

序号	包含的具体原则	说明	举例
1	谨慎性原则	在企业做判断时如遇到不确定情况，应当保持谨慎，不应高估资产、低估费用，对可能发生的损失要作出合理的估计	对应收账款计提坏账准备就是会计谨慎性原则的一种体现 而上文中的建筑公司的会计对谨慎性原则的理解过于片面、过于谨慎
2	重要性原则	选择会计方法时，要考虑经济业务本身的规模，根据其对经济效益等的影响，选择恰当的核算方法	建筑公司的会计有点小题大做，仅仅 260 元，对企业的影响微乎其微，是可以一次性计入费用中的
3	实质重于形式原则	企业应当根据经济业务的交易实质进行会计核算，而不是以交易的法律形式作为核算基础	企业的车发生故障，找来路人帮助拖车，支付对方 300 元，无法取得合法票据。这种情况会计也应该予以报销并进行会计核算，这样才能真实反映企业所有的经营业务

2.5.3　如何衡量业务核算的准确性

在会计师事务所工作的这些年，我对"如何衡量业务核算的准确性"这句话理解得颇为深刻。注册会计师所有的审计程序都是围绕发表审计意见展开的，而被审计单位最希望得到的就是以下这样一段审计意见。

"我们认为，后附的财务报表在所有重大方面按照企业会计准则的规定编制，公允反映了 ×× 公司 ×××× 年 12 月 31 日的财务状况以及 ×××× 年度的经营成果和现金流量。"

而注册会计师能够发表这样一段审计意见，重要的工作之一就是衡量业务核算是否准确。所以会计人员在将业务进行数据化处理时，只要业务符合衡量会计信息质量的一般原则，那就基本可以确保核算的真实性、准确性。衡量信息质量的一般原则如表 2-13 所示。

表2-13　衡量信息质量的一般原则

序号	包含的具体原则	依据
1	客观性原则	会计核算应当以实际发生的经济业务为依据，如实地反映经济业务、财务状况和经营成果，确保经济业务的真实、可靠
2	及时性原则	会计核算要及时，收集会计数据，取得相关凭证，及时处理会计数据，形成财务报告，及时传递会计信息
3	相关性原则	会计信息不仅要符合国家经济管理的要求，而且要满足各方了解企业的财务状况和经营成果的需要
4	可比性原则	要求会计指标口径应当保持一致，相互具有可比性。可比性分为横向可比和纵向可比：横向可比就是将企业与同行业其他企业进行比较，以便对自己的行业地位有所认知；纵向可比就是将本企业不同时期进行比较，以便预测企业未来发展
5	一致性原则	会计处理方法前后应当保持一致，不能随意变更
6	清晰性原则	会计资料和财务报表应当清晰明了、便于理解，能够清晰地展现企业经营活动的走向

第

3

章

会计工作如何干起

在掌握了会计的基本语言后，一只脚就已经踏入会计这个行业了。会计通过核算与监督来实现其自身的价值。要想了解会计人员如何通过自己的工作实现对业务的核算，就需要了解会计记录的全过程。会计人员要想保证核算的准确，就需要在会计记录的过程中，实施监督职责。

本章将重点介绍会计记录的全过程，以及会计人员如何通过监督确保会计核算的准确性。

3.1 会计核算的本质就是记录

在本书的第 1 章中，就介绍过会计在核算和监督上发挥着重要的作用。会计核算的本质就是通过记录等一系列行为，将经济活动转化成财务报告的过程，让本来复杂的企业主体行为，转化成具有可比性的数字。

3.1.1 会计记录的全过程

会计记录的整个过程，就是把发生的经济业务进行会计的数据处理，并以会计特有的语言进行信息的加工，最终转化为财务报告的过程。会计记录的过程也就是会计核算的过程，会计记录全过程如图 3-1 所示。

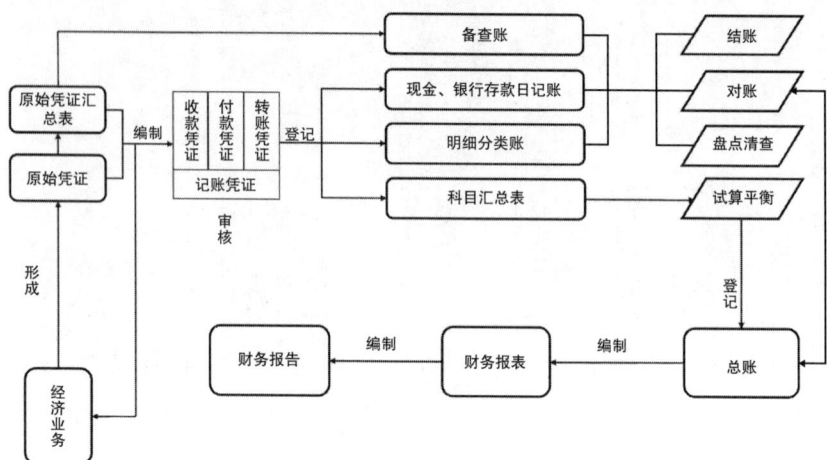

图 3-1　会计记录全过程

　　企业经济业务活动的发生是会计记录的开始，原始凭证记录了已经发生的经济业务活动，经过审核原始凭证、编制记账凭证、登记账簿、登记明细账、结账、对账、盘点清查等工作确定账实相符、账证相符、账账相符后，即可在科目汇总表试算平衡后编制总账，再根据总账编制财务报表，最终形成财务报告。每个环节将在本书后面的章节中做具体介绍。

　　会计核算流程的设计应当与企业的经营性质、规模、业务量和管理要求相适应，要保证能够正确、及时、完整地提供会计核算的资料，提供高质量的会计核算信息。在保证质量的前提下，还要力求简化会计核算手续，节约人力、财力、物力，提高会计工作效率。

3.1.2　会计电算化给会计带来了什么

　　我刚就业时，单位只有一台四通打印机，那时的我使用的都是手工记账的方式，虽原始但清晰，翻账本的感觉依然记忆犹新。等我进入会计师事务所时，居然有一台 386 计算机可以使用。

　　非常兴奋的我每天学习如何安装各种程序，使用五笔输入法锻炼打字速度。随着越来越多的企业开始使用计算机记账，我也开始接触各种财务软件，从流行于全国的浪潮财务软件，到现在分割全国会计市场的几大财务软件。

社会在不断发展进步，会计也要与时俱进。手工记账耗时、耗力，而且差错率高，难以满足企业发展的需要。会计电算化使得这些问题迎刃而解。

会计电算化在会计核算方式、数据存储方式以及数据处理程序等方面，与手工记账的操作截然不同。会计电算化提高了会计信息处理的速度和准确性，改变了企业内部控制的技术和方法，是会计发展史上一次质的飞跃。

手工记账基本成为历史，继续使用手工记账的会计已经少之又少。会计电算化是将手工记账的流程转移到了计算机中。

会计电算化改变了会计工作中的数据处理方式。在传统手工记账中，会计核算往往需要好几个会计彼此协作才能完成，消耗大量的人力、物力和时间。会计电算化的应用，提高了会计核算的效率，保证了会计工作的准确性，也把会计工作变得简单。

会计电算化提升了会计人员的专业素质和技能。会计电算化把会计人员从枯燥无味的手工记账中解救出来，让会计人员有更多的时间和精力去提升自己，掌握更多的会计专业知识，提升自己的工作技能。

虽然会计电算化的应用给会计人员带来便捷，但也有安全和保密风险。比如计算机病毒、黑客入侵、人为破坏数据、计算机硬件损坏而数据未备份等，都会造成会计相关资料的缺失。

3.1.3　信息化发展会取代会计吗

一个顾问单位的经营者曾向我咨询，会计会不会被会计机器人所取代？我也曾有一段时间的疑惑：如果工商年报的财务报表可以公开，那么会计师事务所的审计报告是不是也不再重要了。这个疑惑伴随过我一段时间。

随着信息化发展的程度越来越高，很多会计相关的专用软件也越来越多样化。原来要手工做凭证，登记明细账和编制科目汇总表，根据试算平衡的科目汇总表登记总账，然后再编制财务报表。而现在只需要制作好凭证，计算机就会自动登记总账、明细账，并且生成财务报表。

一些在信息化建设中投入较多的大型企业，通过业务管理软件的编程将常规化业务进行系统化的处理，由业务部门上传原始单据，系统就能自动生成记账凭证，会计只需要通过后台审核确认。

会计信息化的发展，让出纳的收付款工作也发生了很多改变。原本企业办理支票业务或办理异地付款等，都需要出纳不断去银行。有的出纳一天要去几次银行，现在只需要在键盘上动动手指，填好基础数据，单击就可以完成。

那会计的信息化发展如此之快，是不是就意味着会计会被信息化所取代呢？

无论会计核算如何通过信息化建设变得更加简单，依然需要会计来进行复核和确认，会计做的不仅仅是抄账、对账的基础工作。信息化建设在提高信息质量和核算速度的同时，并不能完成应由人类大脑完成的重要判断。

会计在核算时，会依据各种会计原则来进行操作，这就带有人为主观的判断，而这也是会计信息化不能做到的。

不仅如此，投资、融资的相关岗位人员，也需要掌握会计的相关基础知识，这就像练武术必须要先练习扎马步，但马步扎得好并不一定武术练得好，扎马步只是练武术的基本功。

随着信息化的发展，未来对会计的要求会越来越高，更加考验会计的判断力、创新力和决策力，彼时对会计的要求很可能与现在不同。

3.2 会计电算化的基本操作

会计电算化的应用是会计史上的一次重大发展，用计算机设备替代手工完成很多基础的会计工作。会计电算化的应用，提高了会计核算的质量，同时也降低了会计人员的劳动强度，提高了工作效率。会计电算化让会计职能更好地发挥，推进了会计的发展。

3.2.1 如何选择财务软件

月底因数据差错而翻遍凭证、账簿，记账虽然简单，但过程烦琐还容易出错，固定资产类别太多是否每月计提折旧，往来款项太多，对账总是不准确……一系列问题围绕着会计人员。随着电子信息技术的发展，企业的信息化管理也逐渐普及，财务软件也在不断更新和迭代，功能也越来越强大。

每个企业所处行业不同，生命周期不同，产品不同，选择一款适合企业的财务软件是非常重要的。"鞋合不合脚，只有穿鞋人自己知道"，什么样的财务软件适合自己，也需要企业试用后才能知道。那该如何在众多的财务软件中挑选最适合企业的呢？

在选择财务软件时，企业要综合考虑以下因素，如表 3-1 所示。

表 3-1　选择财务软件的影响因素

序号	影响因素	说明
1	价格因素	选择财务软件，要与企业的经济实力相匹配，综合考虑企业的规模以及收入，不能收入几万元，却安装一个十几万元甚至二十几万元的财务软件
2	功能因素	选用财务软件的目的在于协助会计人员开展工作，提高效率。若软件功能无法满足企业日常会计工作的需要，那购买的财务软件就毫无意义
3	安全因素	财务软件涉及企业的账务，这是企业的商业秘密，一旦泄露，不仅会影响企业的经济资源和业务发展，严重的可能让企业的经营受到影响
4	服务因素	在软件使用过程中，难免会遇到会计人员无法解决的困难，这时就需要软件的专业人员进行解答，一旦因贪便宜而选择廉价的财务软件，遇到问题没有专业人员解答，很容易造成会计资料的丢失

考虑了影响因素，企业还应谨慎结合企业的实际生产经营情况，以及日常工作的需求选择财务软件。选择合适的财务软件，不仅能提高会计人员的工作效率，而且能让会计人员有更多的时间去不断提升自己的能力。

3.2.2　电算化建账的全流程

市面上绝大部分财务软件可以建近千套账。如果财务软件的服务器是购买的云存储，那么每年要支付一定的服务费才可以继续使用账套。选择了适合的财务软件并安装完成后，首先要建账。这里仍以东方养殖公司使用的财务软件来举例说明建账的全流程。

为了降低会计人员的工作强度，提高工作效率，东方养殖公司准备使用财务软件记账。会计人员首先按照软件的要求注册账号，登录系统后，单击"账套"→"建立"后弹出"账套信息"界面，会计人员按照界面的要求填写账套信息，如图 3-2 所示。

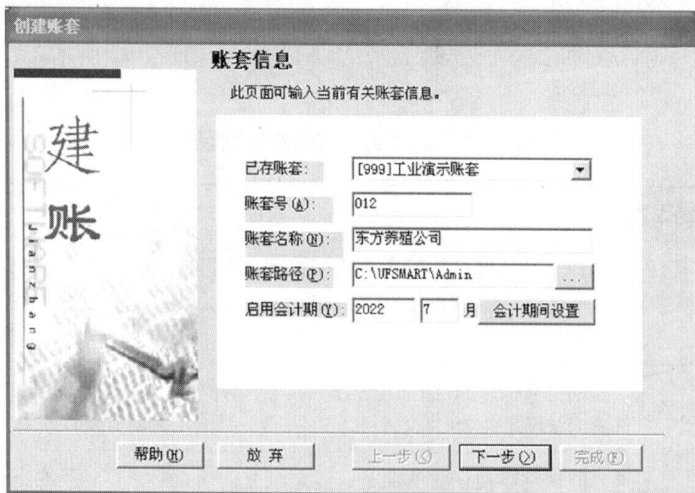

图 3-2　账套信息

在填写账套信息时要注意以下内容。

1.账套号只能是三位数字，从 001~999 都可以，而且要与已有账套相区别，不能使用同一个。东方养殖公司选择了 012 号账套号。

2.账套路径是指账套形成的数据存放在计算机硬盘的具体路径，尽量不要选择 C 盘。

3.启用会计期是创建账套的日期，东方养殖公司是 2022 年 7 月创建的账套。

账套信息填写完成并确认无误后，单击"下一步"，在弹出的"单位信息"界面中填写公司的信息，如图 3-3 所示。

如果有不清楚的地方，可以单击"帮助"，查找解释说明。

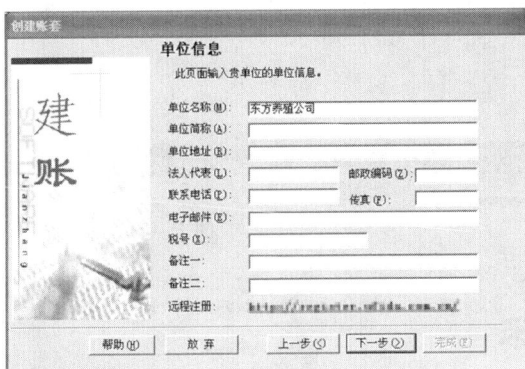

图 3-3　单位信息

单位信息填写完成并确认无误后，单击"下一步"，在弹出的"核算类型"界面填写公司的核算类型。

核算类型的内容根据企业的实际情况填写。财务软件中可选择的企业类型或者其他项目与建账企业不符，但又没有其他可选择项时，可以选择一个较为接近的项目。

确认无误后，单击"下一步"，在弹出的"基础信息"界面进行勾选，如图 3-4 所示。分类就是分级管理，存货、客户和供应商较多的企业可考虑对其存货、客户和供应商进行分类管理，是否勾选要结合企业的实际情况。

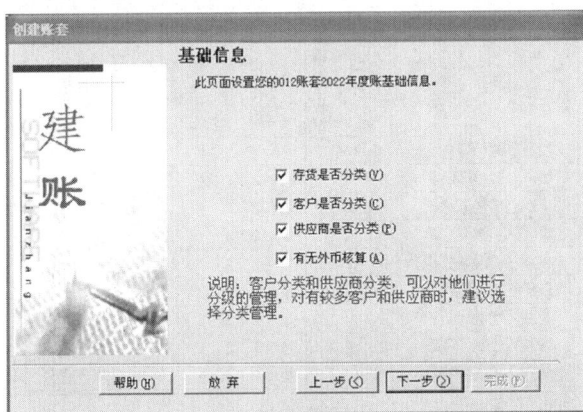

图 3-4　基础信息

基础信息确认好后，单击"下一步"，在弹出的"业务流程"界面中进行选择，如图3-5所示。

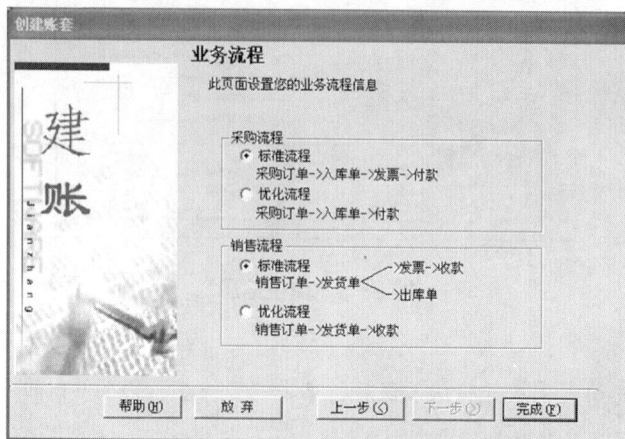

图3-5 业务流程

业务流程选择完成后，单击"完成"，系统会弹出界面提示"可以创建账套了么？"，单击"是"后，系统就开始创建账套。之后系统会自动弹出"分类编码方案"界面，如图3-6所示。

项目	最大级数	最大长度	单级最大长度	是否分类	第1级	第2级	第3级	第4级	第5级	第6级	第7级	第8级	第9级
科目编码级次	9	15	9	是	4	2	2						
客户分类编码级次	5	12	9	是	2	3	4						
部门编码级次	5	12	9	是	2	2							
地区分类编码级次	5	12	9	是	2	3	4						
存货分类编码级次	8	12	9	是	2	2	2	3					
货位编码级次	8	20	9	是	2	2	2	1	1	1	1	1	
收发类别编码级次	3	5	9	是	2	2	1						
结算方式编码级次	2	3	9	是	1	2							
供应商分类编码级次	5	12	9	是	2	3	4						

说明：背景色为灰色的，用户不能调整。

图3-6 分类编码方案

从图 3-6 中可以看出每个项目都有最大级数、最大长度和单级最大长度,编码方案的级次不能超过最大级数。同时除灰色区域不可调整外,其他每级的长度都可以修改,但每级编码长度不能超过单级最大长度。以"科目编码级次"的设置为例,会计设置的分别为"第 1 级"为"4",意味着一级科目名称的编码为 4 位数,比如应收账款为 1122,"第 2 级"为"2",意味着二级科目名称在一级科目名称的编码基础上增加 2 位,比如应收账款——张三为 112201,"第 3 级"为"2"就是在二级科目名称的编码基础上再增加 2 位,以此类推。

填写完成后单击"确认",系统还会自动弹出"数据精度定义"界面,一般的企业选择小数位数为"2"即可。修改小数位数后单击"确认",账套创建成功。

3.2.3 电算化参数设置的内容

无论哪种财务软件,安装完毕后都需要进行参数设置。本小节仍以东方养殖公司使用的财务软件来举例说明会计电算化中的参数设置。

设置总账参数时,需要先登录财务软件,单击"总账"→"设置"→"选项"后,弹出的界面如图 3-7 所示。在该界面可以对"凭证""账簿""会计日历""其他"依次进行设置。

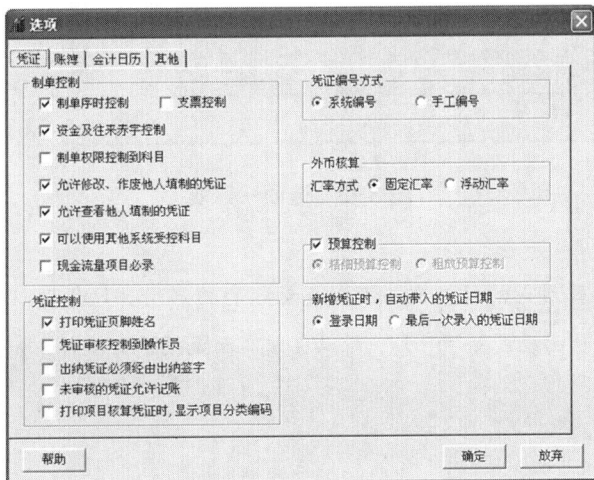

图 3-7 选项 - 凭证

在"凭证"的设置中，"制单序时控制"是指制单时的编号按照日期顺序排列，例如7月26日编制26号凭证，那7月27日只能从27号凭证开始编制；"资金及往来赤字控制"是指当企业的全部科目或者往来科目最新余额出现负数时，系统将会出现提示；"允许修改、作废他人填制的凭证""允许查看他人填制的凭证""可以使用其他系统受控科目"等，应按照企业日常经营的需要进行勾选。其他选项也需要根据企业情况选择完毕后，单击"确定"进入下一个选项环节。

"账簿"的设置界面见图3-8。该部分主要是对账簿打印位数宽度等进行设置，东方养殖公司设置的数额："摘要"为"20"、"金额"为"16"、"外币"为"16"、"汇率"为"12"、"数量"为"16"、"单价"为"12"。

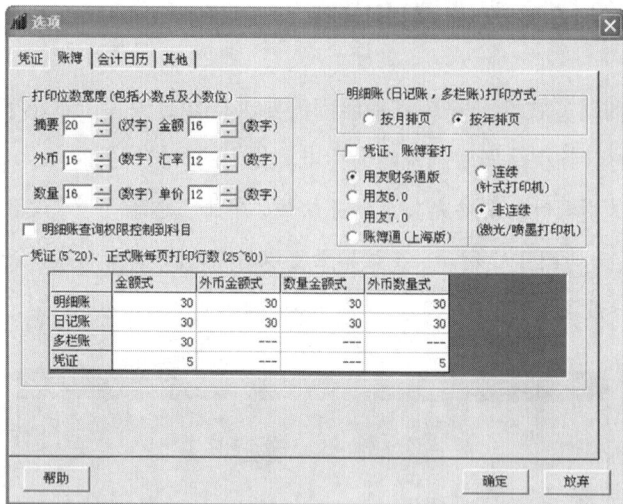

图3-8 选项－账簿

在"会计日历"的设置中，可以查看账套的启用会计年度以及启用日期，因账套在启用时已经设置了日期，所以在该界面无须进行操作，如图3-9所示。

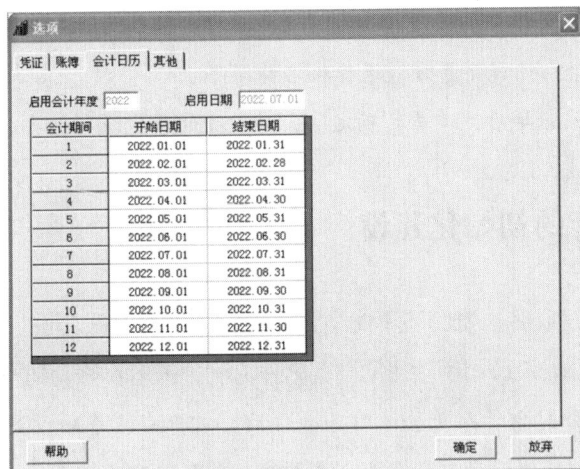

图 3-9 选项－会计日历

对"其他"的设置，主要是对数量小数位、单价小数位、本位币精度以及部门排序方式、个人排序方式和项目排序方式进行设置，其中数量小数位系统允许设置 2~6 位，单价小数位系统允许设置 2~8 位。部门排序方式的选择也就是在查询部门账时，选择是按照部门的编码排序还是按照部门的名称排序。个人排序方式的选择也是如此。"选项－其他"界面如图 3-10 所示。

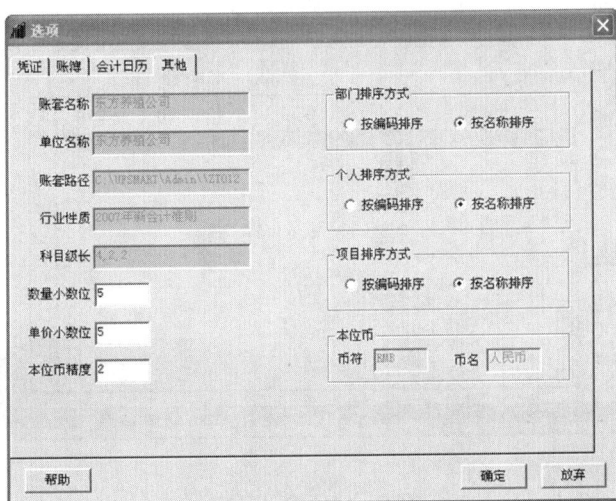

图 3-10 选项－其他

东方养殖公司设置的数量小数位为5，单价小数位为5，部门排序方式选择按名称排序，个人项目排序方式选择按名称排序。

选项都设置完毕后，单击"确定"，对设置的参数进行保存。

3.2.4 账套的初始化建设

参数设置完成后，账套还不能马上启用，还需要对账套进行初始化建设。本小节仍以东方养殖公司所使用的财务软件为例，来解释账套的初始化过程。

东方养殖公司会计人员登录财务软件后，需单击"基础设置"→"基础档案初始化"，初始化设置包括企业公共档案、总账以及购销存等。

公共档案包括：部门档案、职员档案、项目档案、外币种类等。

总账包括：凭证类别、会计科目、客户分类等。

购销存包括：仓库档案、收发类别、采购类型、产品结构等。

会计人员根据需要设置以上各板块，会计人员对"会计科目"这个项目进行初识化设置的详细过程如下。单击"会计科目"，弹出的界面如图3-11所示。

图 3-11 会计科目

　　若企业发生的经济业务涉及系统中没有的会计科目，则在"会计科目"界面单击"增加"，即可增加新科目，也可以在现有科目下增加明细科目。

　　而对于已有的会计科目，需要进行变动的，可以在"会计科目"界面单击"修改"进行修改，会计科目修改完毕后，单击"确定"；若存在多个需要修改的会计科目，重复上面的操作即可。

　　而对于一些不使用的会计科目也可以删除。在"会计科目"界面单击"删除"，系统将弹出"删除记录"界面，若确认要删除，单击"确定"即可。

　　使用电算化的一个主要原因是方便、快捷，那如何在众多的会计科目中找到想用的会计科目呢？在"会计科目"界面单击"查找"后，系统会弹出"查找科目"界面，输入会计科目编码或会计科目名称，单击"查找"即可。

　　科目设置完毕后，就要录入数据。对于新成立的公司，期初数据均为0，可以不录入，而东方养殖公司是7月开始使用的财务软件，所以应当将7月的期初余额也就是6月的期末余额，录入系统中。会计人员登录系统后，单击"总账"→"设置"→"期初余额"后，弹出"期初余额录入"界面，如图3-12所示。在系统弹出的界面中按照手工账簿将对应科目的期初余额填列进去。

图 3-12　期初余额录入

　　手工记账的月底结账是会计人员较痛苦的事情，也是较容易出现错误的一个环节。但使用财务软件后，月底结账通过简单的勾选就能轻松完成。初次使用财务软件，可以提前设置期间损益结转。单击"总账"→"期末"→"转账定义"→"期末损益"后，在系统弹出的界面中单击"本年利润科目"旁边的放大镜图标，然后单击"本年利润"→"确认"，界面如图3-13所示。

图 3-13　期间损益结转设置

期间损益结转设置完成后，单击"确定"即可，这样每月末就可以直接结转损益，方便又快捷。

3.3　监督是记录准确的保障

会计核算从反映经济活动的原始凭证开始，通过一系列手段进行多层次的记录，最终将经济活动转化成财务报告。如果原始凭证的记录不能真实反映经济活动，那就失去了核算的基础。

因此，如何确保原始凭证如实反映经济活动，如何确保原始凭证不被篡改和丢失，并且能够及时准确地传递到会计人员手中，这还需要会计人员对整个经济活动的合理性和合法性进行有效的监督。

3.3.1　会计人员如何实施监督

会计人员履行监督职能是《会计法》赋予的权力。《中华人民共和国刑法》第二百五十五条规定："公司、企业、事业单位、机关、团体的领导人，对依法履行职责、抵制违反会计法、统计法行为的会计、统计人员实行打击报复，情节恶劣的，处三年以下有期徒刑或者拘役"。所以会计人员行使监督职能是受法律保护的。

在我的职业生涯中，我接触过很多对企业经营者颇有微词的会计人员。大多数会计人员的抱怨会集中在"企业经营者太不重视会计人员了""我们都是事后才知道""这事我们根本不知道，现在让我们来收拾烂摊子"这些内容上。

这些都说明一些企业的会计人员在经济活动中处于信息滞后的状态，无法做到事前监督。而会计人员的事前监督是非常重要的，如在合同中约定税款的计算方式、款项支付的时点、票据如何获取等相关内容，都需要会计人员参与。

除了事前监督，过程监督也就是事中监督、事后监督都是会计人员履行监督职能的手段。

2022 年初，一位企业家向我诉说了公司内部的一场打架事件。起因是销售经理出差乘坐飞机的机票超过了规定标准。销售经理将这张机票报销单与其他报销单混在一起，签好字让销售员去报销。销售员去了两次都没报销成功，单据被会计人员全部退了回来。

这种情况加上销售员添油加醋地描述了一番会计人员，激怒了销售经理。销售经理拿着单据怒气冲冲地跑到财务科，大声质问财务经理。财务经理也没好气，直接与销售经理对骂起来。最后人高马大的销售经理一把掐住身高不足 1.7 米的财务经理（男），把他直接扔在沙发上爆揍了一顿。

虽然因公司出面，此事没有上升到社会治安案件。但本来是会计人员有理有据履行监督职能的事件，竟然采用暴力解决，造成双方都违反公司纪律受到处罚。从这样的事件中也可以看出，会计人员履行监督职能，单纯依靠自己的力量，还是远远不够的。所以企业可以建立系统的监督机制来保障会计人员监督职能的履行。

企业除设立专门的内部监督部门，帮助会计人员履职外，还可以聘请外部机构来进行社会监督，如聘请会计师事务所依法对企业的经济活动进行审计。

3.3.2　会计人员监督哪些内容

会计人员对企业经济活动的内容以及流程实施监督，会计监督内容见表 3-2。

表 3-2　会计监督内容

序号	监督标的	监督要求
1	各类凭证、账簿和报表	真实、准确、完整、合法
2	财产和资金	安全完整与合理使用
3	财务收支	符合财务制度以及全面预算管理的规定
4	经济合同	科学、合理、合法
5	业务流程	合规、高效、风险得以控制
6	成本费用	用尽可能少的投入获得尽可能多的产出
7	利润的实现与分配	利润的真实、合法以及分配的合理性

例如，会计人员在生产采购业务中履行哪些监督职能呢？生产由生产部门负责，采购由采购部门负责，会计人员是不是只需要把钱准备好，负责最后付款的程序就可以呢？当然不是，在供应商的选择、供应商价格比对等方面，会计人员都可以进行事前监督。

选择供应商时，需要会计人员参与。如果企业属于增值税一般纳税人，那应优先选择增值税一般纳税人身份的供应商，其提供的增值税专用发票可以抵扣进项税。如果供应商是小规模纳税人，除非在不含税价格上比增值税一般纳税人身份的供应商更有优势，才可以通过质量、交货期等其他方面进行比较。

第 **4** 章

原始凭证——会计核算的起点

发生过的经济业务，需要以书面的形式留下相关"证据"，这个"证据"就是原始凭证。原始凭证记载了经济业务发生的关键数据和信息，是会计核算的起点。

原始凭证是证明经济业务发生的第一手资料，分为自制原始凭证和外来原始凭证。填写、审核、识别原始凭证，是每个会计人员必须掌握的。

4.1 自制原始凭证

自制原始凭证一般是指企业开展内部经济活动时，相关人员根据经济活动填写制作的凭证。自制原始凭证的作用是区分企业内部责任和反映内部经济活动。比如生产部门到材料库领用原材料时开具的领料单、给员工发工资时使用的工资单等都属于企业内部的自制原始凭证。

4.1.1 自制原始凭证包括哪些

企业的自制原始凭证，是根据自身业务情况制定的，往往带有企业自身的独特性。当经济业务活动发生时，由业务经办人员直接取得、填制自制原始凭证。自制原始凭证的类型如表 4-1 所示。

表 4-1　自制原始凭证的类型

原始凭证类型	常见自制原始凭证名称	应用场景
与货币资金相关	收据	收到款项和有价证券时使用
	支款单	向内部员工支付款项时使用
	借款单	向他人借款时使用
	工资单	发放和结算工资时使用
	……	……
与成本计算相关	收料单、领料单	原材料等入库和出库时使用
	产品入库单、产品出库单	产品入库和出库时使用
	税款计算单	计算并计提税款时使用
	费用结算单、报销单	费用结算、报销时使用
	成本计算单、成本分配表	成本计算和分配时使用
	折旧计算表	计提折旧时使用
	……	……

东方养殖公司本地的销售市场接近饱和状态，为了拓展销售市场，公司安排负责销售的业务员小张去 W 省考察。小张便写了一张 8 000 元的借款单，向财务部门预支差旅费用。其填写的借款单如表 4-2 所示。

表 4-2　借款单

单位名称：东方养殖公司　　　　　　　　　　　　　　　日期：2022 年 5 月 21 日

借款人	张 × ×	部门		销售部门	职务	业务员
借款事由	去 W 省考察					
借款金额	¥8,000.00					
出纳	李 × ×		经办	王 × ×		

再如，东方养殖公司采购了一批饲料，共 150 袋，已验收合格，并已支付款项 22 035 元。在库管员小刘的监督下，该批饲料已全部入库，并填写了材料

入库单，如表 4-3 所示。入库单一般一式三联：第一联为存根联，保管备查；第二联为记账联，交由财务部门作为入库材料的核算依据；第三联为保管联，由仓管部门作为填写入库材料明细账的依据。

表 4-3　入库单

供货单位：联新饲料厂　　　　日期：2022 年 6 月 3 日　　　　凭证编号：01030501

序号	名称	规格	单位	数量	单价	金额	备注
1	鸭饲料	60 千克	袋	150	130.00 元	19,500.00 元	
2							
3							

主管：黄 × ×　　会计：张 × ×　　审核：李 × ×　　记账：张 × ×　　收料：刘 × ×

4.1.2　如何设置制作原始凭证

自制原始凭证是体现发生在企业内部的经济业务的载体。企业除利用原始凭证记载业务活动并进行会计核算外，还会统计凭证中的信息数据，为后期进行各类数据分析做准备。

会计人员在设计自制原始凭证的格式时，要注意原始凭证的六大基本要素，包括接受凭证的部门名称、原始凭证的名称、凭证编号、经济活动的基本内容、凭证的日期和经办人员的签章。原始凭证的基本要素如图 4-1 所示。

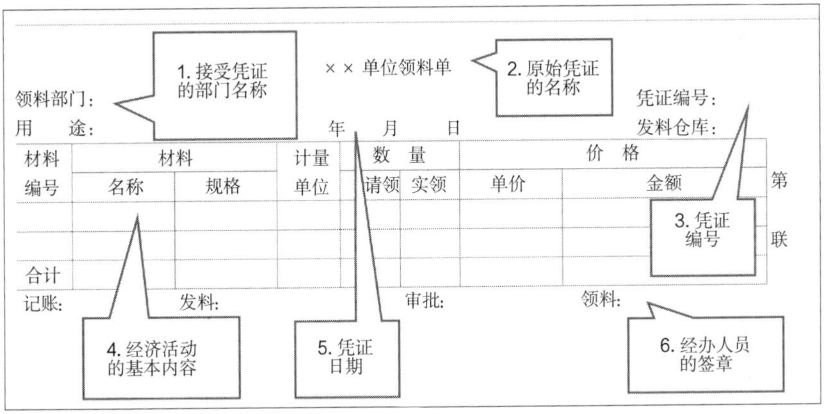

图 4-1　原始凭证的基本要素

由于每个企业业务不同，生产工艺不同，通过原始凭证表达的信息也不尽相同。因此，会计人员除了要考虑原始凭证的六大基本要素外，还需要根据管理需求设计自制原始凭证的其他内容。

设计内容时应尽量全面，但不要过于繁杂；版面要清晰，但不要缺少关键信息。

4.1.3　如何填写自制原始凭证

因自制原始凭证的样式较多，填写要求也会有所不同。从原始凭证反映经济业务、明确经济责任的角度看，在原始凭证的填写上，至少应符合四项基本要求。原始凭证的填写要求如表 4-4 所示。

表 4-4　原始凭证的填写要求

序号	要求	解释
1	记录真实	原始凭证必须由填制人员或经办人员根据实际发生的业务填写，不伪造、变造
2	书写正确	原始凭证的填制要使用蓝黑或碳素墨水，字迹要清晰、工整，要正确使用数字的大小写，凭证必须连续编号，对于书写错误的要加盖"作废"标记，不可撕毁

序号	要求	解释
3	编制及时	发生经济业务时要及时填制，并按规定移交财务部门，由财务部门人员编制记账凭证
4	内容完整	凭证的日期、内容、数量、金额等必须填写，经办人员和相关责任人员审核并签章，对于重大的经济事项还需要企业负责人签章批准

东方养殖公司销售人员签下一张订单。客户订购了30箱鸭蛋，要求送往指定的地址，并支付了一半的货款。随后销售人员填写了送货单，并准备前往仓库提货。其填写的送货单如图4-2所示。

送（销）货单

收货单位（人）：小虎面包公司　　　　　　　　　　　　　　№5628961

地址、电话：××××　　　　　　　　　　　　2022年 6月 28日

序号	货号	名称	规格型号	单位	数量	单价	金额	备注
1	6号货	鸭蛋	20×20	箱	30	450.00	13,500.00	
2								
3								
4								
5								
合计人民币	佰 拾 壹 万 叁 仟 伍 佰 拾 元 角 分 ¥—13,500.00							

第一联 存根联

送货单位主管：张熙华　　　　制单人：王丹　　　　送货：李云

图 4-2　送货单

4.2　外来原始凭证

企业发生各种经济活动时，从外部单位或者个人取得的原始凭证都属于外来原始凭证。外来原始凭证的种类非常多，其中发票的使用最为广泛，发票也是非常重要的外来原始凭证。4.3节将重点介绍发票，本节介绍发票以外的外来原始凭证。

4.2.1 外来原始凭证包括哪些

外来原始凭证记录企业与外部单位或个人发生的经济业务活动，其主要类型如表 4-5 所示。

表 4-5 外来原始凭证类型

外来原始凭证类型	常见外来原始凭证名称	应用场景
与货币资金相关	进账单	收到支票，将款项存入银行时开具
	电汇单	通过银行对外汇款时开具
	银行借据	银行贷款的核算
	银行承兑汇票	货款的核算
	……	
与采购资产与购买服务、对外支付业务相关	发票、收据	采购资产与购买服务时取得
	财政票据（包括行政事业性收费票据、政府性基金票据、罚没票据、非税收入一般缴款书）	支付行政性收费、社会团体会费等时取得
	捐赠票据	对外捐赠时取得
	住房公积金汇（补）缴书	支付住房公积金时取得
	税收完税证明	支付税费时取得
	……	

北京宗诚恭制造有限公司收到北京清服五交化有限公司开具的一张转账支票，如图 4-3 所示，用于支付之前欠付的货款。

中国农业银行　转账支票　　10302720 14976172

付款期限自出票之日起十天

出票日期（大写）　贰零贰贰年　零壹月　零陆日　付款行名称：农业银行北京南大街支行

收款人：北京宗诚泰制造有限公司　　出票人账号：1101 2356 2521

人民币（大写）	亿	千	百	十	万	千	百	十	元	角	分
叁拾壹万肆仟零贰拾陆元伍角柒分			¥	3	1	4	0	2	6	5	7

用途　货款　　密码　2512 5652 5265 5245

行号　1108 8315 2031

上列款项请从

我账户内支付

北京五交化清限公司财务专用章　　霍清服章

出票人签章　　复核　　记账

图 4-3　转账支票

东方养殖公司检修鸭舍时，需要一些螺丝。公司一共买了 300 个螺丝，共支付 150 元。对方开具了收据以证明业务的真实性。收据如图 4-4 所示。

收　据

单位名称：东方养殖公司　　2022年　5　月　15　日 №05020703

品名及规格	数量	单位	单价	十	万	千	百	十	元	角	分
中号螺丝	30	个	5.00				1	5	0	0	0
金额合计（大写）	~~拾~~ ~~万~~ ~~仟~~ 壹佰 伍拾 ~~元~~ ~~角~~ ~~分~~										

第一联　存根联

图 4-4　收据

4.2.2　行政事业性收费票据

企业在经营过程中，因办理相关审批手续、接受某些特定服务、使用某种资源，向国家机关、事业单位、代行政府职能的社会团体及其他组织缴纳各类费用时取得的票据，是行政事业性收费票据。

由于这些费用都是直接或间接上交国家，通过财政进行监管的，所以行政事业性收费票据正上方中间的位置会加盖“财政部监制”的椭圆形印章。如防疫站收取防疫费、环保局收取环保费等，都可以使用财政部监制的收费票据作为合法的费用凭据。行政事业性收费票据如图 4-5 所示。

XX市行政事业单位收款票据　　No000000

票据类型：数字指纹

年　月　日

交款单位（或交款人）					
项　目	单 位	数 量	标 准	金 额	备 注
人民币（大写）合计	¥				

收款单位（公章）：　　负责人：　　经办人：

图 4-5　行政事业性收费票据

4.2.3　捐赠票据等其他外来原始凭证

企业能够安全、正常经营运转，离不开国家提供的稳定的大环境。所以每次在国家遇到危难时，各行各业都会伸出援助之手，捐钱、捐物，贡献自己的一份力量。

捐赠票据是各级人民政府以及部门、公益性事业单位、公益性社会团体和其他公益性组织依照自愿、无偿原则，依规依法接受用于公益事业的捐赠财物时，向提供捐赠的自然人、法人和其他组织出具的凭证，用来证明捐赠行为的真实性。

捐赠票据是由财政部监制，并加盖“财政部监制”的椭圆形印章的票据。捐赠票据是合法的收据，捐赠票据如图 4-6 所示。

公益事业捐赠统一票据

UNIFIED INVOICE OF DONATION FOR PUBLIC WELFARE

捐赠人：
Donor　　　　　　　　Y　M　D　　　　No

捐赠项目 For purpose	实物（外币）种类 Material objects(Currency)	数量 Amount	金额 Total amount
金额合计（小写）In Figures			
金额合计（大写）In Words			

接受单位（盖章）：Receiver`s Seal　　复核人：Verified by　　开票人：Handling Person

感谢您对公益事业的支持！Thank you for support of public welfare!

河南省公益事业捐赠财政票据（电子）

票据代码：
交款人统一社会信用代码：
交款人：

票据号码：
校验码：
开票日期：

项目编码	项目名称	单位	数量	标准	金额（元）	备注
911001	捐赠资金	元	1	100000.00	100000.00	
金额合计（大写）壹拾万元整				（小写）100000.00		
其他信息						

收款单位（章）：　　复核人：　　收款人：

图 4-6　捐赠票据

在现实活动中，很多未经过审批的单位和部门也在组织、接受捐赠。全民捐赠意识的提高是件值得庆幸的事情，但这些组织在接受捐赠时，无法提供带有财政部监制印章的票据，而是提供普通的收据。

企业提供捐赠收到的普通收据，虽然不能在企业所得税税前扣除，但依然可以作为真实支出的原始凭证，登记入账。

4.2.4　银行回单可以替代收据吗

我在一次培训中遇到一个李姓学员，他向我讲述了他曾经遇到的事情，并让我来判断这样做是否正确。

小李在银行办理欠付工程款的付款业务，取得了银行出具的、证明业务真实性的银行回单，便打电话告知业务人员，要求其向收款方索要收款收据。随后业务人员来电告知他，收款方说银行回单就可以证明付款的真实性，不给开具收据。

当时他很疑惑，想着银行回单只能证明我方有付款的行为，收据才能证明收款方收到工程款，明明是两回事，怎么能混为一谈呢？

到底应不应该向收款方索要收款收据呢？不仅这个学员有这样的疑问，很多出纳都会有这样的疑虑。有了银行回单，是否还有必要索取收据？原始凭证是证明业务发生的载体，通过银行付款的业务，银行回单和收据都可以作为往来款项的原始凭证，那么两者都需要取得，还是取得其中任何一个即可？

其实，银行回单和收据来自不同的主体，证明的效力不一样。通过银行进行的付款业务，银行属于第三方机构，出具的银行回单等证明力和公信力都是较高的。而收据是收款方开具的，也是最为直接防止收款方不承认收款的证明。二者从不同的角度证明同一件事情，同时取得两种票据，对付款方来讲是最大的保障，其可能造成的舞弊风险也最小。

但是，如果只有收据而没有银行回单，则无法证明银行是否存在真实的付款行为，那收据就无法证明付款发生的真实性。

如果收款方发现业务内容有误，也会及时与付款方沟通。如果没有沟通，也不同意配合开具收据，那么也不会对业务本身的真实性有实质性的推翻。

在收款方拒不配合的情况下，付款方可以采取一些措施防止收款方不承认业务内容。比如电话录音确认收款方已经收到款项，并确认业务内容无误。还可以利用微信、电子邮件等多种方式确认。这些资料都可以代替收据辅助使用。

4.3 外来原始凭证——发票

企业日常购销商品及提供或接受服务时，都需要以发票作为会计核算及税务处理的依据。发票是使用最多的外来原始凭证之一。审核发票，为报销人员提供发票知识。

4.3.1 发票也有很多种类

企业不论是销售还是采购，都需要以发票作为业务发生的凭据，同时发票也是会计核算、税务处理、收付结算的依据。根据发票是否通过增值税税控系统开具，发票可以分为增值税发票和其他发票，详见表 4-6。

表 4-6　发票的分类

类别	发票名称	图例
增值税发票	增值税普通发票	图 4-7 为增值税普通发票 图 4-8 为增值税普通发票（卷式）
	增值税电子普通发票	图 4-9 为增值税电子普通发票
	增值税专用发票	图 4-10 为增值税专用发票
	增值税电子专用发票	图 4-11 为增值税电子专用发票
	机动车销售统一发票	图 4-12 为机动车销售统一发票
	二手车销售统一发票	图 4-13 为二手车销售统一发票
其他发票	通用机打发票	
	通用定额发票	
	客运发票	图 4-14 为客运发票
	航空运输电子客票行程单	图 4-15 为航空运输电子客票行程单
	门票	

发票的基本内容包括发票的名称、发票代码和号码、联次及用途、客户名称、开户银行及账号、商品名称或经营项目、计量单位、数量、单价、大小写金额、开票人、开票日期、开票单位（个人）名称（章）等，常见的发票样式如图 4-7 至图 4-15 所示。

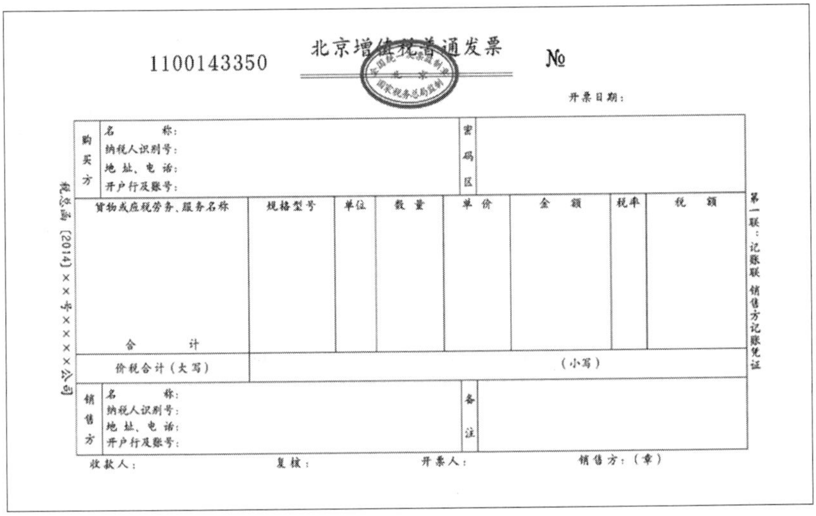

图 4-7　增值税普通发票

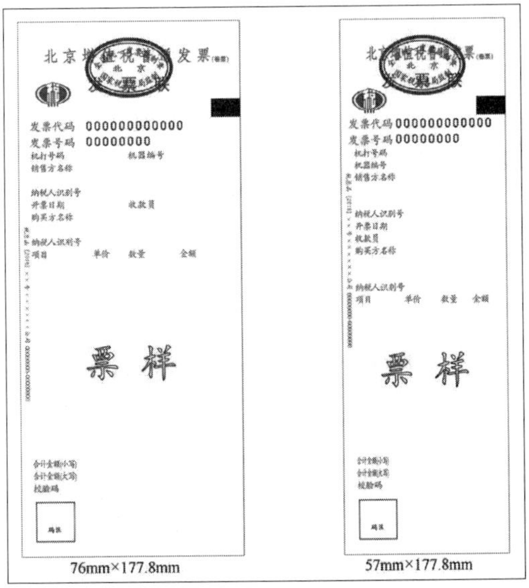

图 4-8　增值税普通发票（卷式）

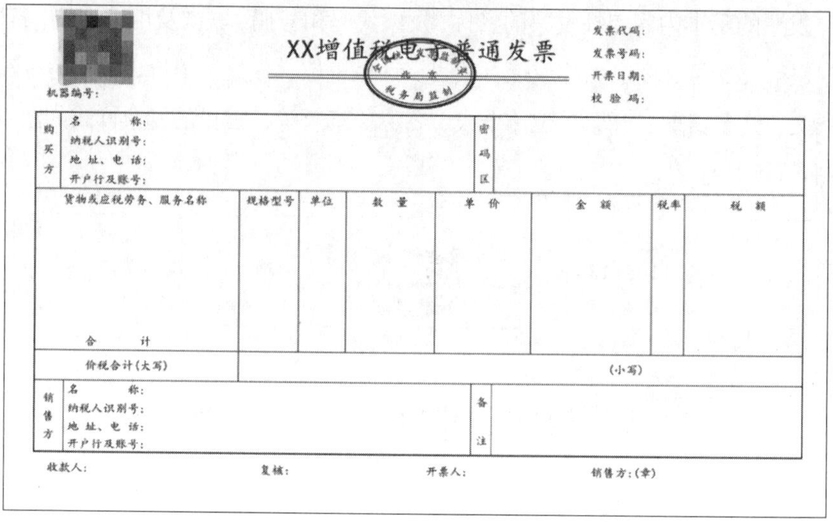
XX增值税电子普通发票

机器编号：

发票代码：
发票号码：
开票日期：
校验码：

购买方	名　　称： 纳税人识别号： 地址、电话： 开户行及账号：				密码区			
货物或应税劳务、服务名称	规格型号	单位	数量	单价	金额	税率	税额	
合　　计								
价税合计(大写)					(小写)			
销售方	名　　称： 纳税人识别号： 地址、电话： 开户行及账号：				备注			

收款人：　复核：　开票人：　销售方：(章)

图 4-9　增值税电子普通发票

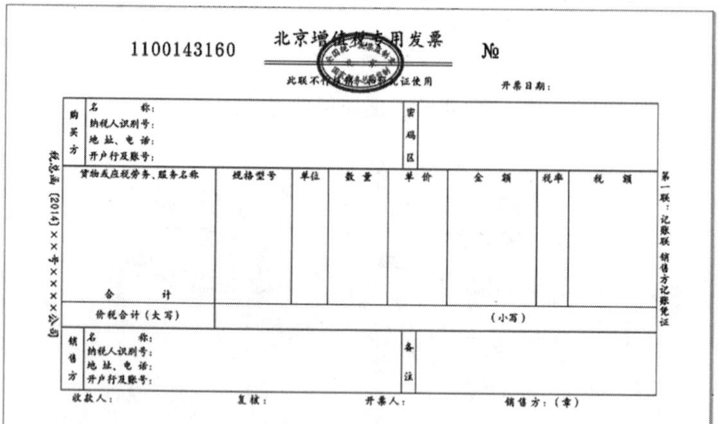
1100143160　北京增值税专用发票　№

此联不作报销、扣税凭证使用　开票日期：

购买方	名　　称： 纳税人识别号： 地址、电话： 开户行及账号：				密码区			
货物或应税劳务、服务名称	规格型号	单位	数量	单价	金额	税率	税额	
合　　计								
价税合计(大写)					(小写)			
销售方	名　　称： 纳税人识别号： 地址、电话： 开户行及账号：				备注			

收款人：　复核：　开票人：　销售方：(章)

税总函〔2014〕××号××××公司

第一联：记账联　销售方记账凭证

图 4-10　增值税专用发票

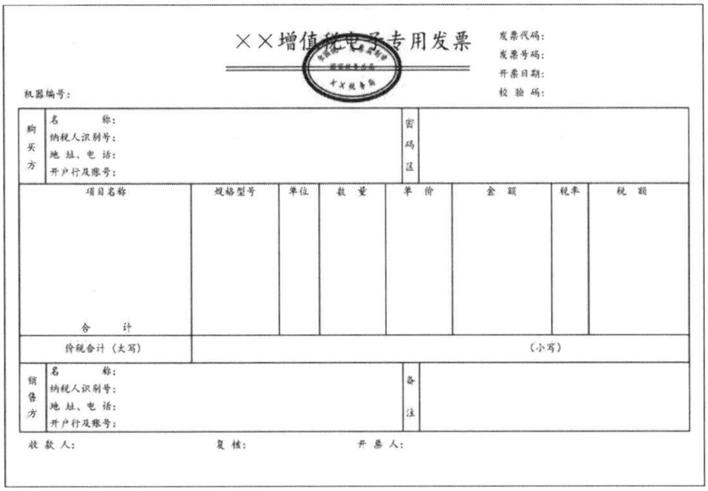
××增值税电子专用发票
发票代码：
发票号码：
开票日期：
校验码：
机器编号：

购买方	名称： 纳税人识别号： 地址、电话： 开户行及账号：			密码区			
项目名称	规格型号	单位	数量	单价	金额	税率	税额
合计							
价税合计（大写）	（小写）						
销售方	名称： 纳税人识别号： 地址、电话： 开户行及账号：			备注			

收款人：　　复核：　　开票人：

图 4-11　增值税电子专用发票

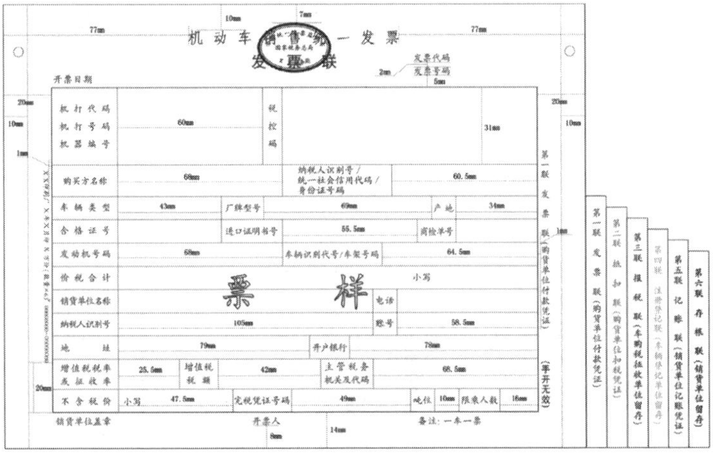

图 4-12　机动车销售统一发票

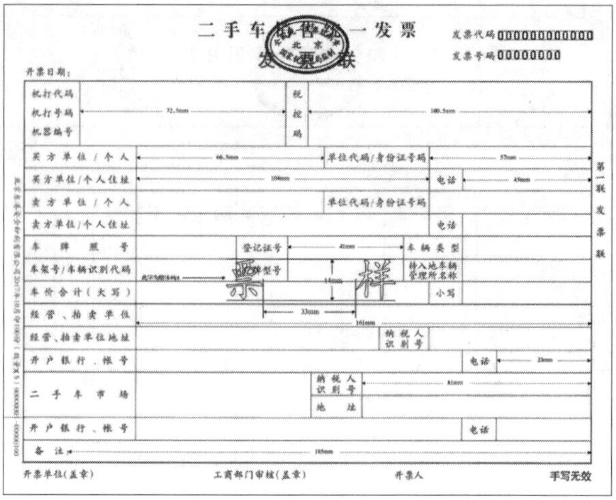

图 4-13　二手车销售统一发票

图 4-14　客运发票

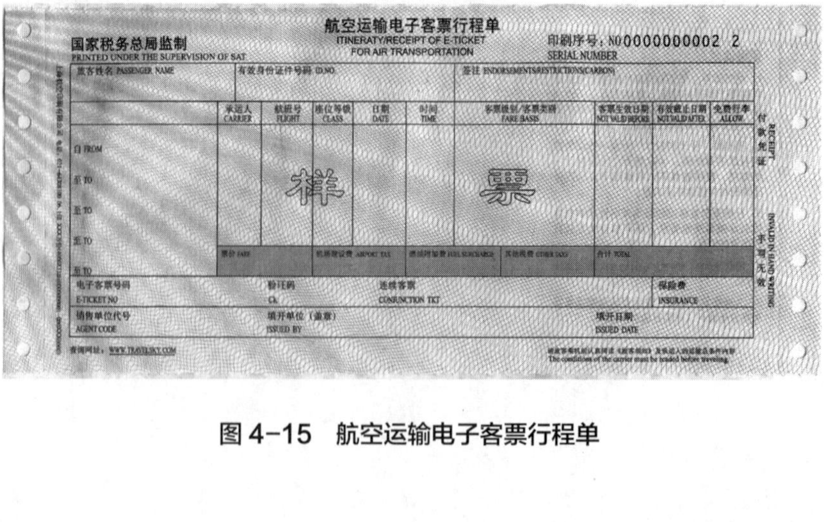

图 4-15　航空运输电子客票行程单

4.3.2 发票领购、开具、代开及作废

1. 发票领购

企业领购发票可以选择登录电子税务局官方网站，单击"我要办税"→"发票使用"，单击"新增"，选择需要领购的发票。也可以在开票软件上进行操作。

发票可以自行去税务局领取，也可以选择快递配送。快递配送一般在 2~3 个工作日完成，快递配送需要由购票人或法定代表人持身份证领票。

收到纸质发票后，先登录开票软件，选择网上领票，确认领票信息。之后选择发票读入，开票软件会自动读入发票信息。最后查询发票库存，确认发票信息已经导入开票软件中。

2. 发票开具

开具发票的设备主要包括金税盘、税控盘和税务 UKey 等。无论哪种设备，在开具发票时，都需要按软件的提示进行操作。在填写商品种类时，超过八行就需要附销货清单，即单击"清单"，输入相应商品的信息。

确定所有信息无误后，打印发票。有些发票需要填写备注栏，如房地产企业开具发票时，需要将房产的信息填写至备注栏。这也是会计人员在实际操作中需要特别注意的事项。

3. 发票代开

纳税人代开发票（纳税人销售取得的不动产和其他个人出租不动产代开增值税发票业务除外）流程如下。

（1）在办税服务厅指定窗口提交《代开增值税发票缴纳税款申报单》。

（2）自然人申请代开发票，提交身份证件及复印件；其他纳税人申请代开发票，提交加载统一社会信用代码的营业执照（税务登记证或组织机构代码证）、经办人身份证件及复印件。

（3）在同一窗口缴纳有关税费、领取发票。

纳税人销售取得的不动产和其他个人出租不动产代开增值税发票业务所需资料为：申请代开发票人的合法身份证件，付款方（或接受劳务服务方）对所购物品品名（或劳务服务项目）、单价、金额等出具的书面证明。

4. 发票作废

当出现发票填开错误或销售退回、折让等必须收回原发票重开的情况时，需要将原本开具的发票作废，相关操作以金税盘系统为例。

计算机接入金税盘，登录开票软件，弹出"发票管理 – 发票作废"界面，在开票信息清单中找到需要作废的发票，选中并单击"作废"，之后发票右上角会出现"作废"字样。

4.3.3　发票丢失怎么处理

发票的传递会经过很多人，即便每个企业都有自己的发票管理制度，但发票丢失的情况时有发生。发票丢失该如何处理呢？

1. 丢失空白发票

企业领用的空白发票要严格执行发票使用登记制度。出现空白发票丢失的情况，应当在发现时，及时向税务机关出具书面报告，并提交《发票挂失损毁报告表》。

2. 丢失从外单位取得的发票

丢失从外单位取得的发票，应当取得发票开具单位盖有公章的证明，并注明原发票的号码、金额和内容等，由经办单位会计机构负责人、会计主管人员和单位领导批准后，代作原始凭证。

如果丢失的是已开具的增值税专用发票或机动车销售统一发票，则其作为抵扣凭证、退税凭证或记账凭证需进行处理，处理方法如表 4-7 所示。

表 4-7　发票丢失后的处理方法

序号	丢失的已开具发票种类		增值税进项税额抵扣、退税凭证 及记账凭证的处理办法
1	发票联和抵扣联	增值税专用发票	记账联复印件，需加盖销售方发票专用章
		机动车销售统一发票	

序号	丢失的已开具发票种类		增值税进项税额抵扣、退税凭证 及记账凭证的处理办法
2	抵扣联	增值税专用发票	发票联复印件
		机动车销售统一发票	
3	发票联	增值税专用发票	抵扣联复印件
		机动车销售统一发票	

对于确实无法取得证明的，如火车票、轮船票、飞机票等凭证，可以要求经办人写出详细的情况，根据单位内部的报销支付规定审核批准后，代作原始凭证。

4.3.4 如何辨别发票的真伪

很多假发票的制作技术可以说是"炉火纯青"，仅靠肉眼很难辨别出发票的真假。作为企业的会计人员，每天都在和发票、凭证等打交道，学会辨别发票的真假，也逐渐成为一项必备的专业技能。

对于增值税专用发票，可以通过防伪油墨颜色、专用异型号码、复合信息防伪自行核查、辨别发票的真伪。

1. 防伪油墨颜色

增值税专用发票左上方的发票代码使用的是防伪油墨，摩擦油墨印记会出现红色擦痕，如图4-16所示。

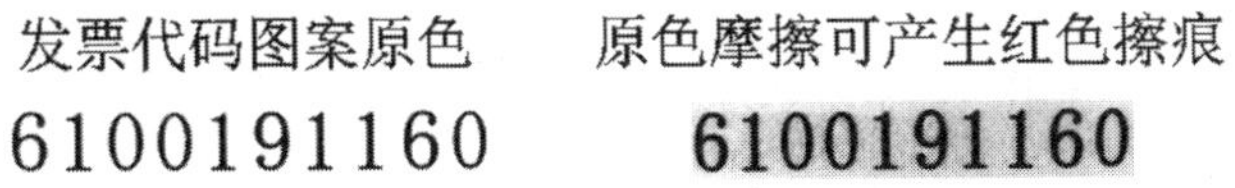

发票代码图案原色　　　原色摩擦可产生红色擦痕

6100191160　　　　6100191160

图4-16 增值税专用发票防伪油墨

2. 专用异型号码

增值税专用发票各联次右上方的发票号码为专用异型号码，字体为专用异型变化字体，如图4-17所示。

9876543210

图 4-17　增值税专用发票的异型变化字体

3. 复合信息防伪

发票记账联、抵扣联和发票联的票面具有复合信息防伪特征，使用复合信息防伪特征检验仪可检测真伪，如发票通过检测，检验仪自动发出验证通过的语音提示。

增值税普通发票（折叠票）可以通过发票左上方的发票代码或右上方的字符（№）的防伪油墨来辨别，这与增值税专用发票是一致的，如图 4-18 所示。而对于卷票，则是通过税徽颜色辨别，直视税徽时，其颜色是金色，斜视时，其颜色则为绿色，如图 4-19 所示。

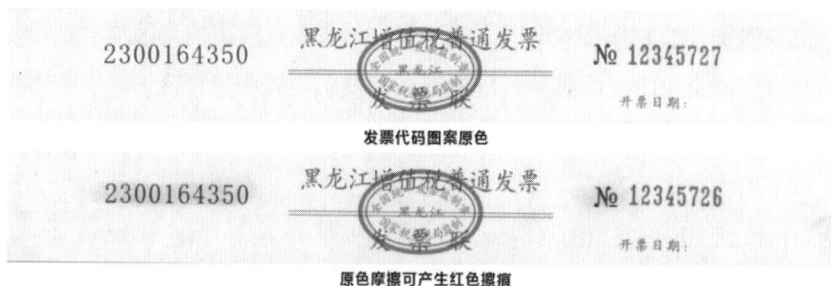

图 4-18　增值税普通发票（折叠票）防伪油墨

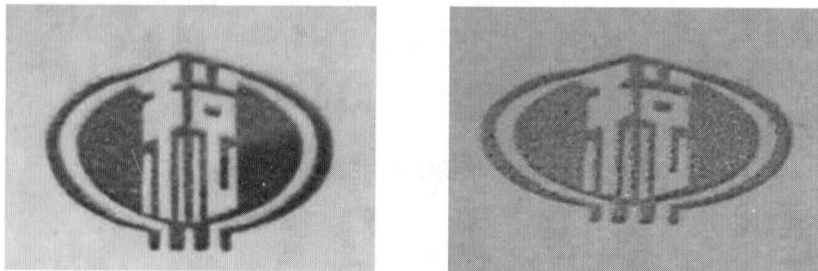

图 4-19　增值税普通发票（卷票）光变油墨

除了自行查验外，也可以通过一些官方渠道查验，比如国家税务总局官网及其微信公众号，也可拨打 12366 纳税服务热线查验。作为一名会计，要学会灵活运用这些发票查验方法，避免因收到伪造发票给企业带来不必要的损失及麻烦。

4.3.5　如何进行发票的审核

学会辨别发票的真伪固然重要，但发票的审核也不容忽视。

小小的一张发票，承载着很多信息，会计人员拿到发票后，建议按照从上往下、从左往右的顺序依次查看，这样做的好处是可以避免审查时漏掉内容。在审核发票时，应重点审核哪些内容呢？发票审核内容如表 4-8 所示。

表 4-8　发票审核内容

序号	审核内容	具体审核要求
1	是否正确填写本单位全称	发票户头填写的是简称，或者发票户头填写的不是本单位户头，那么此类发票应予以退回
2	是否填写购买方统一社会信用代码	自 2017 年 7 月 1 日起，增值税发票均应填写纳税人识别号或统一社会信用代码
3	发票内容是否存在涂改、伪造、变造、错误、不清晰	如果发现此类情况，应予以退回
4	发票是否存在应盖未盖发票专用章，或者误盖其他章的情况	如果漏盖章，应退回给开票方补盖章；如果使用错误的印章，应联络开票方重新开具发票
5	发票是否是旧版发票或发票已超过使用期限	如果有此类发票，应退回给发票提供人员
6	机打发票是否采用手工开具	如果有此类发票，应退回给发票提供人员。并对此类情形进行判断，是否存在报销人员有意做假的情况
7	发票内容是否超出单位预算或者违反单位的报销制度	如果超出预算或者违反单位报销制度，则应查看是否有情况说明或特殊事项的审批单据等

4.4 特殊原始凭证的应用

一些原始凭证的用法并不常见，一些原始凭证无法完全体现业务的全貌。本节将对这些特殊情况下产生的原始凭证，以及原始凭证的辅助证明等进行说明。

4.4.1 两个企业共用一张原始凭证怎么办

我刚进入会计师事务所一段时间，受一个集团委托，去其下属子公司审计。看到子公司支付给母公司报刊费，而母公司开具的是一张收据时，我立刻告诉会计这张收据不能入账，需要向母公司索取订报发票。

会计告知我："报刊是集团统一订的，收据是集团开的，你是集团委托来的，你去找集团要！"尴尬的我只好说回去协调一下。

其实这是一种典型的两家或几家企业共用一张原始凭证的情况。订阅报刊的费用由集团以及下属多家子公司共同承担。在这种情况下，发票该给谁呢？

这种情况有两种解决办法。一是要求报刊销售方分别给集团和各子公司开具发票，但由集团统一付款。那么一旦是集团统一订购再分配给各子公司，这种方法就不适用了。

二是利用好原始凭证分割单。也就是说可以先由集团统一付款，获得发票，集团向子公司分配报刊时，再由保留原始凭证的集团向子公司开具原始凭证分割单，根据分割单上分割的金额，向子公司收取相应的款项，但同时向子公司开具收款收据，并提供原始凭证的复印件。

而子公司凭借原始凭证的复印件、原始凭证分割单以及收据，就可以代替原始凭证入账了。

既然原始凭证分割单是原始凭证的类型之一，那原始凭证的基本要素，如原始单据的名称、凭证日期、凭证的单位名称等都应该包含在内，同时还需要注明原始凭证的分割情况，包括分割金额、分割原因，并加盖公章等。原始凭证分割单如图 4-20 所示。

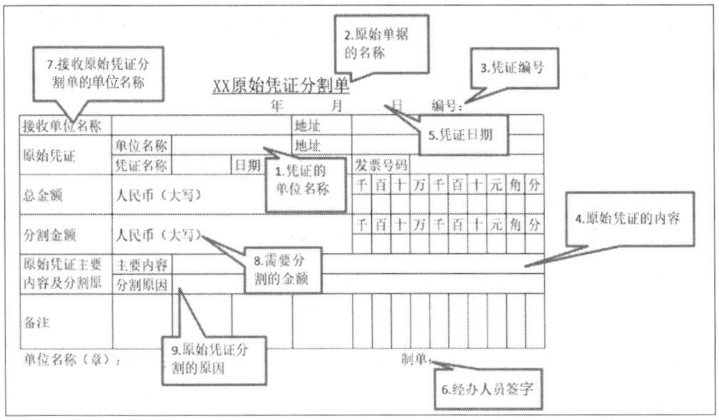

图 4-20 原始凭证分割单

不同企业原始凭证分割单的样式各不一样，但表达的信息几乎是一样的，除了要考虑图 4-20 中的信息外，还要根据需求设计其他的内容。设计时应尽量全面，不要过于复杂，但也不能缺少关键的分割信息。

4.4.2 如何利用好原始凭证汇总表

一天，我在顾问企业的财务部，正与财务经理聊天，听到会计在一旁抱怨差旅费单据混乱。原来是销售人员与企业领导一起出差后，拿了一堆差旅费单据，让她帮忙整理。我便盯着她看她是如何处理这些单据的。

我看到她把相同的单据整理到一起，贴在同一张粘贴单上，并在粘贴单上注明单据的数量和金额。当她准备把整理出来的五叠粘贴单拿去给领导签字时，我疑惑地问她："你打算就这样让领导在每一个粘贴单上签字吗？不做一份差旅费报销单吗？"她疑惑地问我："什么是差旅费报销单？"

显然，这位会计没有使用原始凭证汇总表的习惯。原始凭证汇总表是在原始单据数量过多的情况下，将相同业务的多张原始凭证按照统一的格式装订汇总，进行数据信息汇总的表格。

原始凭证汇总表包括费用报销单、工资汇总表、成本汇总表、材料耗用汇总表等。通过使用原始凭证汇总表，参与原始凭证审核的相关人员能够快速、便捷地了解后附原始凭证所表达的内容，了解业务全貌。

我立刻找到一张差旅费报销单的模板（见图4-21），与会计一起根据企业的实际情况重新设计了差旅费报销单。

公司费用报销单

部门		职务		报销人		报销日期	年 月 日	
用途说明			票据张数		金额		备注	
合计								
报销金额合计：人民币（大写） 佰 拾 万 仟 佰 拾 元 角 分 ¥：								
审批意见	预支金额		实报金额			交回补付金额		
	总经理审批	财务负责人审核	部门负责人审核			出纳审核	报销人签字	

图4-21　费用报销单模板

同时，我又让会计撰写了一份差旅费报销单的填写方法和要求，贴到财务部的柜台玻璃上，要求所有来报销差旅费的人员，按此规定填写差旅费报销单，并将原始凭证贴到报销单后，做好以上工作后才能报销。

4.4.3　累计凭证在何种情况下使用

爷爷的东方养殖公司越办越红火。生产规模的扩大也给财务管理提出更高的要求。爷爷在对鸭子的营养品的领用上遇到了困难。

每一批鸭子需要多少维生素、微量元素都是有限制的，但这些营养品需要每天多次领用，管理员很容易搞乱。如果一次性把这批鸭子所需的营养品全部领用出来，也容易造成添加混乱，甚至出现营养品丢失的情况。

听到这种情况，我建议爷爷使用累计凭证尝试解决这个问题。

累计凭证并非一次性记录一笔经济活动，而是在一定的时期内，可以多次记录发生的同类业务。累计凭证的特点是在一张凭证上多次连续登记，并可以随时结算累计数，按照限额要求进行费用控制。限额领料单是常用的累计凭证。

限额领料单一般是企业的生产部门根据下达的生产任务和材料消耗定额，按照材料类别分别开出的领料单。限额领料单是多次填制的，其样式如图4-22所示。

限 额 领 料 单

| 领料部门： | | | | | | | | 年 月 日 | | | | | | | | 第 号 | | | | | | | |
| 用 途： | | | | | | | | | | | | | | | | 发料仓库 | | | | | | | |

材料编号	材料名称规格	计量单位	计划投产量	单位消耗定额	领用限额	实发																	
						数量	单价							数量	单价								
							百	十	万	千	百	十	元	角	分		百	十	万	千	百	十	元 角 分

日期	领用			退料			限额结余数量
	数量	领用人	发料人	数量	退料人	收料人	

| 生产计划部门： | 供销部门： | 仓库： |

图4-22 限额领料单

4.4.4 原始凭证需要证明材料吗

有些原始凭证的内容全面详尽，仅此一张原始凭证足以证明业务发生的真实性，如银行进账单、汇款单等。但并不意味着所有的原始凭证都能够证明业务的真实发生。

有些原始凭证，虽然是外来原始凭证，并且印有国家税务总局监制的印章，但也无法证明业务已经真实发生。由于外来原始凭证取得的渠道不确定，或者取得的手段可信度较低，为证明业务的真实发生，还需要提供其他证明材料。

例如报销差旅费时，不仅需要提供车票、住宿发票等，还需要根据出差的事由提供相关的证明材料。出差学习的需要提供相关学习邀请函和学习照片等证明材料；出差签订合同的，则应当将相关的合同作为出差的证明材料。能够证明业务的真实性的材料均可起到证明作用。原始凭证证明材料如表4-9所示。

表4-9　原始凭证证明材料

序号	内容	原始凭证	证明材料
1	购实物资产	购买大型设备、原材料、低值易耗品、办公用品、劳保用品等所取得的发票	采购明细、入库单、采购合同、使用者的领用单等
2	业务招待费	业务招待费发票	招待审批表及招待清单等
3	租金	租金发票	租金计算单、合同等
4	会议费	会议费发票	会议通知、合同、会议结算清单等
5	运费	运费发票	运输明细清单、运输合同等

东方养殖公司为更好开展经营活动，便安排业务员到省会城市参加培训。培训结束后，报销相关费用。

业务员将差旅费及培训费发票提供给了出纳，但出纳要求业务员补充参加培训的相关证明材料后才能报销。业务员随后补充了学习的邀请函、培训现场的照片，以及结业证书，这才取得报销的款项。

4.4.5　普通收据可以代替发票吗

司机小李负责开公车到车站接客人到公司。途中公车出现了故障无法启动，小李便找当地村民帮忙推车，并支付了200元报酬。回到公司后小李又被安排去买水果，小李便在路边的水果摊买了100元的水果。

小李在报销时拿出一张推车村民写的金额为200元的收条和一张水果摊开具的金额为100元的水果收据。收条和收据都只有签名，没有加盖印章。

这是企业发生的购买服务和商品的行为，应当取得发票。但是小李未能取得发票，只取得了收据、收条，会计人员该如何处理这样的情况呢？

这两笔业务属于未按规定取得发票的情况，在票据的合法性上是欠缺的。但由于业务是真实的，且金额较小，根据重要性原则、客观性原则以及相关性原则，会计人员如实反映企业的经营成果更为重要。

2018 年，国家税务总局发布的《企业所得税税前扣除凭证管理办法》（国家税务总局公告 2018 年第 28 号）中第九条：企业在境内发生的支出项目属于增值税应税项目（以下简称"应税项目"）的，对方为已办理税务登记的 增值税纳税人，其支出以发票（包括按照规定由税务机关代开的发票）作为税前扣除凭证；对方为依法无需办理税务登记的单位或者从事小额零星经营业务的个人，其支出以税务机关代开的发票或者收款凭证及内部凭证作为税前扣除凭证，收款凭证应载明收款单位名称、个人姓名及身份证号、支出项目、收款金额等相关信息。

小额零星经营业务的判断标准是个人从事应税项目经营业务的销售额不超过增值税相关政策规定的起征点。

也就是说小李接受村民推车服务，对方开具的收条是可以作为报销依据的。同样道理，小李从路边的水果摊取得的收据也是可以作为报销的依据的。

无论是从会计上，还是从税收上，收据在符合条件的情况下，都是可以代替发票作为报销的原始凭证的。

4.5　原始凭证的审核

任意一张发票或收据，就可以报销吗？身为一名会计，可以这样操作吗？这样肯定是不可以的。身为会计，要严谨和谨慎，对于需要报销的原始凭证，要进行严格把关，仔细审核。

4.5.1　原始凭证审核七大原则

为了如实反映企业经济业务的发生和完成情况，发挥会计的监督职能，确保会计信息的真实、合法、完整和准确，会计要对原始凭证进行认真的审核，具体的审核要点如下。

1. 合规性审核

原始凭证是否按单位的规章制度和流程进行相应的审批、签章指的就是原始凭证的合规性审核。

如审核原始凭证的报销手续，若签字不全，应让相关责任人完成相应程序，会计人员才能予以签收。如审核原始凭证的编号是否连续，若原始凭证的使用人未按规定连号使用，而是跳号使用，就属于不合规现象。

2. 合法性审核

合法性是原始凭证审核要点中最基础、最重要的一项。如果原始凭证违反了相关的法律法规，那即便其他审核要点都满足，这张原始凭证也不能使用。

如当发现连续两张发票是同一个号码，说明发票有可能是套版的假发票，不但可能存在买卖发票的行为，而且有可能相关责任人已经触犯了法律。

3. 真实性审核

原始凭证作为会计信息的基本来源，其是否真实对会计信息的质量有着决定性的影响。真实性的审核包括凭证日期真实、业务内容真实、数据真实，自制的原始凭证还必须有企业经办部门和经办人员的签字或盖章。

如对会议费报销手续的审核，不仅要审核发票，还要对会议是否真实发生进行审核，可以索取会议通知单、合同、会议结算的清单以及支出凭证等资料。若只有会议费发票而不存在其他证明资料，会议的真实性就不可靠。

4. 合理性审核

所谓的合理性就是要求原始凭证所记录的经济业务或事项必须与企业生产经营相符。

如审核开具原始凭证的企业的经营范围，如果开具的原始凭证内容不在其经营范围内，那就需要与凭证提供者进行核实，并判断业务的真实性。

5. 完整性审核

自制原始凭证的格式是否符合企业的要求、凭证的要素是否齐全、内容是否完整、联次是否正确等，这些是对原始凭证完整性的审核。对于原始凭证手续不完整的，应要求相关经办人员及时补办处理。

如发现原始凭证的票面存在涂改、挖补的痕迹，那该原始凭证的可靠性就大大降低了，可以将原始凭证退回，或进一步核实涂改、挖补的原因。如发现原始凭证是多联次带有复写功能的，需要检查凭证背面是否有复写的痕迹；若没有，也需要了解原因，以确定该业务的真实性。

6. 及时性审核

及时性就是要求在经济业务发生或完成时及时填制相关原始凭证，并及时进行传递。关注原始凭证的填制日期是及时性审核的一大要点，对于时效性强的原始凭证，例如支票、银行汇票等，及时性尤为重要。

如审核差旅费时发现去年出差的车票费用与今年出差的住宿费发票一起报销，那么去年的车票费用就不符合及时性的要求。如果金额较小则不影响报表的整体数据；如果金额较大，则违反及时性，就会影响决策者的判断。

会计人员可定期通知所有人员在规定时间内报销。

7. 正确性审核

正确性审核主要包括以下内容。

（1）审核原始凭证的数字的计算以及填写的正确性，大小写金额是否一致。数字的大写为壹、贰、叁、肆、伍、陆、柒、捌、玖、拾、佰、仟、万。

（2）审核原始凭证的书写是否清楚，是否存在刮、擦、挖、涂改和伪造等现象。

如原始凭证的大小写金额不一致，将 6 972.00 元的大写写成陆仟捌佰柒拾贰元，对于这种书写错误的，是不允许在原始凭证上进行涂改的，需要重新开具。

4.5.2　如何审核原始凭证常见错误

原始凭证的审核不但要认真仔细，更是需要长期积累经验。在表 4-10 中，展示了企业常见的原始凭证审核要点，但不能涵盖原始凭证审核的所有要点。

表 4-10　原始凭证常见审核要点

序号	审核内容	审核事项	处理方法
1	票面	①是否存在涂改、挖补的痕迹 ②是否存在修改数字的情况 ③是否存在多联次带复写功能的单据，单据背面应有而没有复写的痕迹	应退回给单据提供者，让其重新提供

续表

序号	审核内容	审核事项	处理方法
2	开具单据的单位名称等信息	①与本单位是否存在经济业务关系 ②所开具的经济业务内容是否与实际情况相符 ③经济业务内容是否与单据开具单位的经营范围相符	如不相符，需要与单据提供者核实原因
3	单据抬头	①是否所填内容为本单位全称，是否简写或者存在错别字 ②是否存在应填而未填统一社会信用代码的情况	如机打票据存在漏填、错填，应退回单据，重新开具
4	单据编号	①发票号码是否存在重复 ②发票号码是否连续，是否拿别人的发票报销	如存在重复连续，让单据提供者重新提供单据
5	单据开具时间	①是否同一经济业务、同一金额，相近时间出现重复报销 ②单据间是否存在时间、内容的关联性，例如出差车票与住宿费发票的开具时间、地点是否相符	如存在情况①，需让单据提供者说明理由，若理由不充分，应退回，让其重新提供；如存在情况②，则： ·如与单位不存在经济业务关系，应要求单据提供者提供真实合法的单据； ·如业务内容与实际情况不符，应要求重新开具票据； ·如开票单位的超范围经营，可要求开票单位增加经营范围。由于票据情况复杂，具体情况应征得上级领导的确认并寻找应对措施

续表

序号	审核内容	审核事项	处理方法
6	数字	①大小写金额是否一致 ②大写金额是否顶格写 ③小写金额前面是否有货币符号 ④所有项目的合计数是否等于总的合计数 ⑤数量乘以单价是否等于总金额 ⑥单价是否与以往相差很大	如存在情况①至⑤，则需让单据提供者重新提供单据；如存在情况⑥，需单据提供者说明理由，若理由不充分，应退回，让其重新提供；如理由充分，需对业务的真实性进行排查
7	单据的备注	①是否按税法规定进行备注 ②是否存在不能报销的字样，如"违章付款，不得报销"等	如存在情况①，则退回单据，让单据提供者重新提供；如存在情况②，则退回不予报销
8	单据上的印章	①票据的监制章应符合票据性质，如发票应有税务部门的监制章 ②票据的印章应符合票据性质，如发票是否应盖未盖发票专用章或财务专用章等 ③是否有经手人签章	如存在情况①和②，则退回票据，让单据提供者重新提供；如存在情况③，需让其补齐签章
9	附件	①购买实物资产，是否附采购明细、入库单、采购合同、使用者的领用单等 ②大额业务招待费，是否有消费清单 ③租金，是否有房屋租赁合同 ④会议费，是否有会议通知、合同、会议结算清单、支出凭证等资料 ⑤运费，是否附运输明细，运输明细是否与起运地和运达地一致，运输价格是否波动很大 ⑥月结的快递费，是否有与快递公司或者物流公司签署的合同，快递费发票后面是否附运单明细，且注明发件时间、发件地址、收件地址等	如缺少附件，需要补充附件以证明业务的真实性
10	单据的报销手续	是否存在相关审批人的签字不全的情况	如存在签字不全的情况，让相关审批人补齐签字

第 **5** 章

记账凭证——形成会计语言的第一步

记账凭证是会计人员根据审核无误的原始凭证、原始凭证汇总表填制，记载经济业务简要内容，确定会计分录，作为记账依据的会计凭证。记账凭证亦称分录凭证，是按照登记账簿的要求确定账户名称、记账方向和金额的一种凭证，是登记明细分类账和总分类账的依据。

5.1　记账凭证的填制

记账凭证有多种表现形式，但记账凭证的基本结构和要素都是相同的。记账凭证是经济活动转化成会计语言的第一步，其填写的正确性将直接影响会计核算的准确性。

5.1.1　记账凭证与会计分录的关系

上大学时，学校安排我们几个学生去一家上市公司的财务部门实习。晚上我偷偷问宿舍的同学："这企业很奇怪，都不用写会计分录的吗？"

因为在我的印象中，都是老师在讲台上喊"提现金 1 000 元""支付货款 100 000 元"，同学们就会写出相对应的会计分录。所以我的脑子里记的全是各种业务如何用会计分录表现出来。

同学用奇怪的眼神看着我："你今天没看到装订得像豆腐块一样的记账凭证吗？""那个就是分录吗？"宿舍里笑声一片。我也从此真正理解会计分录与记账凭证的差异。

会计分录指发生经济业务时，按照记账规则的要求，确定的应借应贷的账户名称以及金额。在日常实际的财务工作中，会计分录是通过填制记账凭证，才得以将实际业务体现出来的，记账凭证是会计分录的载体。

在日常讨论业务或者撰写报告、教材时，会计分录会以先写借方科目和金额，另起一行再写贷方科目和金额的方式展示。

如计提现金 100 元，会计分录为：

借：库存现金　　100

　　贷：银行存款　　100

根据这笔经济活动填写的付款凭证如图 5-1 所示。会计分录的内容通过将经济业务填写到记账凭证上表达出来，只不过格式与撰写到报告或者教材中的格式不一样。

付　款　凭　证

附单据数　　张

贷方科目：银行存款　　2022年　6 月　12 日　　第 1 号

摘　要	借方科目		过账	贷方金额										
	一级科目	二级及明细科目		亿	千	百	十	万	千	百	十	元	角	分
计提现金	库存现金		√							1	0	0	0	0
合　计									¥	1	0	0	0	0

会计主管：　记账：　出纳：　复核：　制单：

图 5-1　付款凭证

5.1.2　记账凭证有哪些种类

记账凭证的种类如图 5-2 所示。

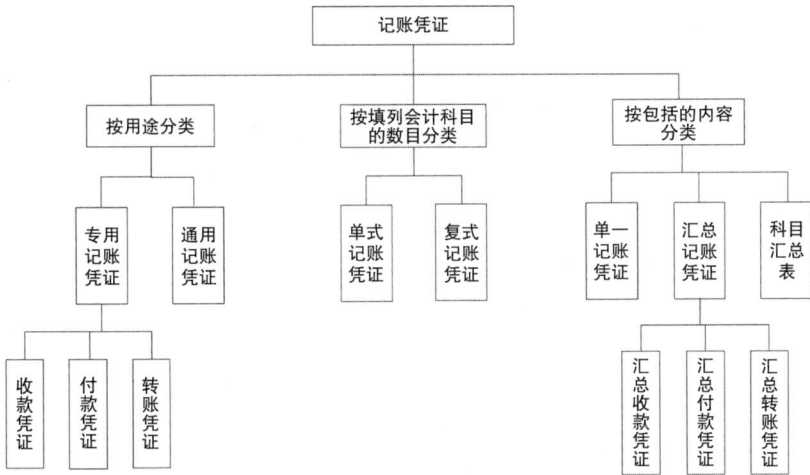

图 5-2　记账凭证的种类

记账凭证的种类及说明如表 5-1 所示。

表 5-1　记账凭证的种类及说明

分类标准	种类		说明
按用途分类	专用记账凭证	收款凭证	根据专门以现金和银行存款收款的原始凭证填制的凭证
		付款凭证	根据专门以现金和银行存款付款的原始凭证填制的凭证，提现金、存现金是同时涉及现金和银行存款的业务，也使用付款凭证
		转账凭证	不涉及现金及银行存款的业务均使用转账凭证
	通用记账凭证		通用记账凭证格式统一，是指将发生的经济业务所涉及的科目都填写在一张凭证内，图 5-3 所示为通用记账凭证

续表

分类标准	种类		说明
按填列会计科目的数目分类	单式记账凭证		每张记账凭证只反映经济业务涉及的一个会计科目和金额。填写借方科目的叫作借项凭证，填写贷方科目的叫作贷项凭证，由于单式记账凭证不能反映业务的全貌，所以企业使用得较少
	复式记账凭证		每一笔经济业务事项所涉及的全部会计科目及其发生额均在同一张记账凭证中反映。通用记账凭证和专用记账凭证都属于复式记账凭证
按包括的内容分类	单一记账凭证		通用记账凭证和专用记账凭证都属于单一记账凭证，即只反映一项或几项相同业务的记账凭证
	汇总记账凭证	汇总收款凭证	详见5.2.3小节"如何编制汇总记账凭证"
		汇总付款凭证	
		汇总转账凭证	
	科目汇总表		详见5.2.4小节"如何编制科目汇总表"

记 账 凭 证

2022 年 3 月 18 日

附单据数 3 张
第 030 号-1/1

摘要	总账科目	明细科目	借方金额	贷方金额	✔
			亿千百十万千百十元角分	亿千百十万千百十元角分	
孙娜报销招待费	管理费用	业务招待费	5 8 3 0 0		√
孙娜报销招待费	银行存款	交通银行		5 8 3 0 0	√
合计			￥5 8 3 0 0	￥5 8 3 0 0	

会计主管：司绘　记账：杜知　复核：司绘　　出纳：刘泉　　制单：刘泉

图 5-3　通用记账凭证

5.1.3　如何填写收付款凭证

明白了什么是凭证，凭证都有哪些种类，下面该了解凭证该怎么填写。无论是收款凭证还是付款凭证，填写的要素都要求齐全。以收款凭证为例，填写的内容如图 5-4 所示，付款凭证的填写内容类似。

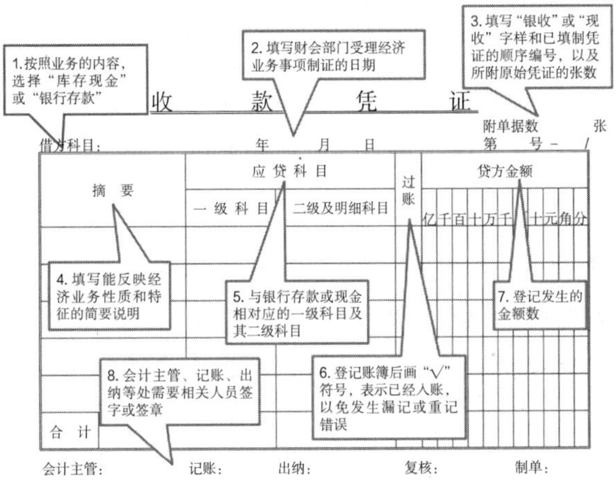

图 5-4　收款凭证填写的内容

由于企业经济业务的内容不同，各企业的规模和对会计核算的繁简程度要求不同，记账凭证的格式也不同。企业可以根据实际的经营情况以及管理要求增加其他内容，但要求增加的内容能够正确反映企业的经济业务。

东方养殖公司在爷爷的要求下积攒了一些饲料袋。按照回收站的说法，每个袋子 0.3 元。员工一共积攒了 500 个袋子，回收站支付了 150 元的现金。员工将这笔钱交给了公司的出纳。

出纳了解到这笔钱的来路，将其确认为营业外收入，并填制了收款凭证，如图 5-5 所示。

收　款　凭　证

现收 附单据数 1 张

借方科目：库存现金　　2022 年　6 月 21 日　　第 7 号

摘要	应贷科目		过账	贷方金额										
	一级科目	二级及明细科目		亿	千	百	十	万	千	百	十	元	角	分
收到卖鸭饲料袋款	营业外收入	鸭饲料袋款	√							1	5	0	0	0
合计									¥	1	5	0	0	0

会计主管：张建国　记账：李丽丽　出纳：李丽丽　复核：张建国　制单：李丽丽

图 5-5　收款凭证

同时采购部门当月还采购了鸭饲料，共购买了 100 袋，已验收入库。需支付货款 5 650 元，采购部门将发票提供给财务部门，并要求以银行转账的方式结算货款。

出纳拿到发票并审核无误后，便将款项通过银行转账的方式支付成功了，并填制了付款凭证，如图 5-6 所示。

付　款　凭　证

银付 附单据数 2 张

贷方科目：银行存款　　2022年　6 月　21 日　　第 4 号

摘要	借方科目		过账	贷方金额										
	一级科目	二级及明细科目		亿	千	百	十	万	千	百	十	元	角	分
支付购买的鸭饲料款	原材料	饲料	√						5	0	0	0	0	0
	应交税费	应交增值税——进项税额	√							6	5	0	0	0
合计								¥	5	6	5	0	0	0

会计主管：张建国　记账：李丽丽　出纳：李丽丽　复核：张建国　制单：李丽丽

图 5-6　付款凭证

而对于实行电算化的企业，出纳又该如何在软件中填写收、付款凭证呢？以东方养殖公司为例。

启用了会计电算化后，东方养殖公司发生了一笔新的业务。有客户购买了

50 箱鸭蛋，并通过银行转账的方式支付了货款共计 8 000 元，那会计在收到银行的到账短信提示时，如何使用软件登记该笔业务呢？

打开财务软件后，登录会计的账号，单击"总账"→"凭证"→"填制凭证"后，单击"增加"，弹出"填制凭证"界面，如图 5-7 所示。

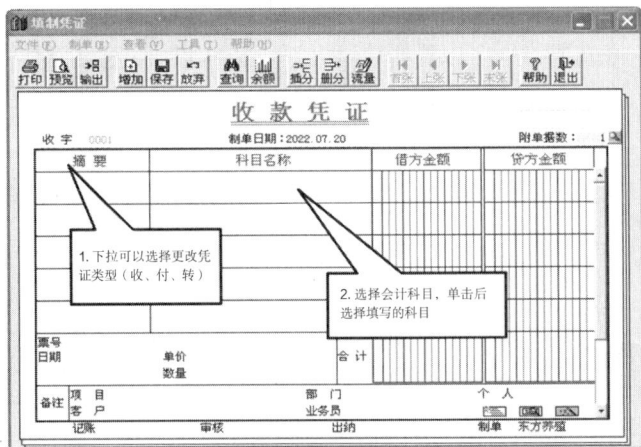

图 5-7　填制凭证

而其他的填写要求则与手工记账的填写要求相同，在这里就不过多叙述。填好的凭证确认无误后，单击"保存"。填制的收款凭证如图 5-8 所示。

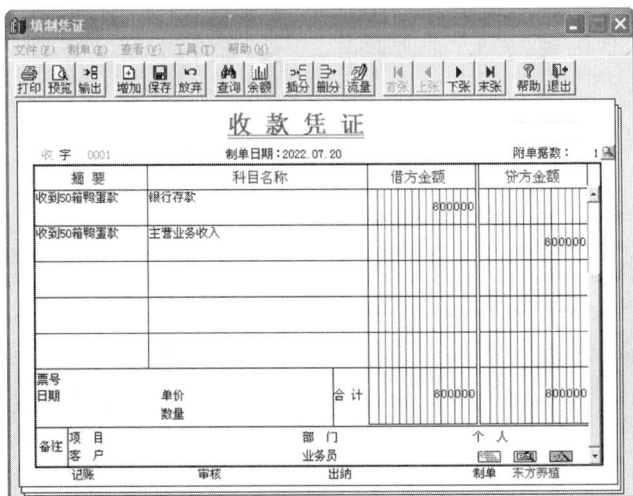

图 5-8　收款凭证

付款凭证的填写与收款凭证的填写要求是一样的，唯一的差别在于选择凭证类型时选择付款凭证。

5.1.4　如何填写转账凭证

除现金和银行存款业务以外的其他业务，所使用的记账凭证都是转账凭证。转账凭证是根据有关转账业务的原始凭证填制的。转账凭证也是登记相关明细账和总账的依据。

转账凭证与收、付款凭证的样式有所差别，其填写要求也有略微差异，如图 5-9 所示。

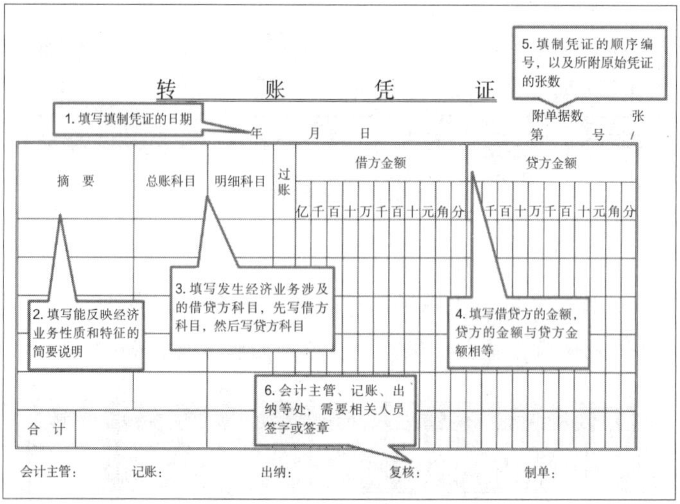

图 5-9　转账凭证填制要求

东方养殖公司为企业的管理部门购买了 3 台计算机，这些计算机按资产管理要求，每个月应当计提 1 050 元的折旧费用。因此会计每个月都会填制一张转账凭证，举例如图 5-10 所示。

转　账　凭　证

附单据数　　1　张

2022 年　6　月　30　日　　　　第　7　号

摘　要	总账科目	明细科目	过账	借方金额											贷方金额										
				亿	千	百	十	万	千	百	十	元	角	分	亿	千	百	十	万	千	百	十	元	角	分
计提管理部门的计算机折旧费	管理费用	折旧费	√				1	0	5	0	0	0	0													
计提管理部门的计算机折旧费	累计折旧		√															1	0	5	0	0	0	0	
合　计						¥	1	0	5	0	0	0	0				¥	1	0	5	0	0	0	0	

会计主管：张建国　记账：张雪　　　　　出纳：　　　　　复核：张建国　　　制单：张雪

图 5-10　会计每月填制的转账凭证举例

仍以东方养殖公司为例，实行电算化后，采购部门购买了一批纸箱子，用来销售成箱鸭蛋，共购买了 500 元的纸箱子，但采购员并未支付该笔款项。那会计该怎么做这笔业务呢？

转账凭证的填写途径、方式与收、付款凭证基本相同，不同的地方在于新增凭证时，应选择转账凭证。会计在软件中填制的转账凭证如图 5-11 所示。填写完成并确认无误后单击"保存"。

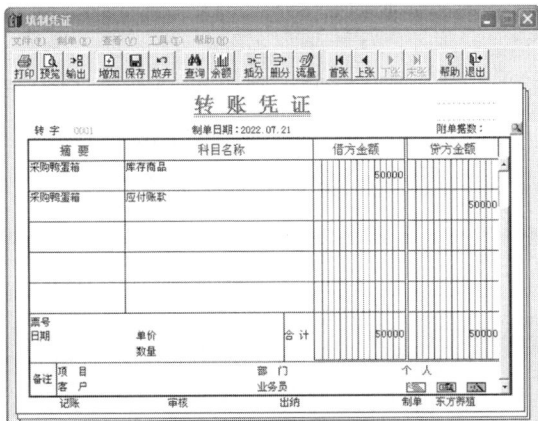

图 5-11　会计在软件中填制的转账凭证

5.1.5　如何确认记账凭证的附件数量

记账凭证是根据原始凭证的内容填制的，因此原始凭证需要作为记账凭证的附件贴在记账凭证后面，记账凭证上填写的附件数量也就是后附原始凭证的数量。那么附件的数量又该如何确认？

对于记账凭证附件数量的确认，在没有原始凭证汇总表的情况下，一般的收、付款凭证都有附件，而且是有一张算一张。凡是与经济业务有关的凭证，都应当作为记账凭证的附件。比如说购买的计算机，就应当把销售方开具的发票作为附件，这种业务涉及的附件数量少，很容易确认。

如果原始凭证只有一张，但同时涉及多笔经济业务，也就是说这张原始凭证可以作为好几张记账凭证的附件，记账凭证上该如何记载附件的数量呢？这种情况下，可以将原始凭证放在重要的那张记账凭证后面作为附件，并在该张凭证的摘要栏中注明"本凭证附件还用于 ×× 号凭证"或者在其他记账凭证的摘要栏中注明"其附件详见 ×× 号凭证"。

对于原始凭证数量很多，且原始凭证属于同一类型的业务，需要用原始凭证汇总表进行汇总时，原始凭证汇总表算不算一张原始凭证呢？此时该如何确认附件数量呢？

比如差旅费的原始凭证包括车票或者飞机票、餐饮费、住宿费等各种发票，对于这种数量较多的附件，往往需要用到差旅费报销单汇总表。在汇总表中将各种原始凭证金额分类统计，注明原始凭证的数量，并将原始凭证粘贴到差旅费报销单汇总表后面。在这种情况下，无论汇总表后面粘贴了多少张原始凭证，在填写附件数量时都只算汇总表这一张。也就是说汇总表后不论是贴了十张原始凭证还是四十张原始凭证，都与汇总表合计算一张附件。

对于更正错账或者结账性的转账业务，没有原始凭证作为附件也是可以的。

5.2　记账凭证的传递

记账凭证的传递是将填制好的凭证通过审核、记账、装订、归档等流程，在企业内部部门和人员之间传送的程序。在记账凭证的传递过程中，该如何审核、编制汇总记账凭证或科目汇总表在本节将重点介绍。

5.2.1　如何传递记账凭证

记账凭证的传递是凭证从取得开始、经过填制到归档保管为止，在企业不同部门和人员之间的传送、交接程序。凭证的传递分为凭证的审核、记账、装订和归档四个环节。凭证传递流程如表 5-2 所示。

表 5-2　凭证传递流程

序号	流程	说明
1	凭证的审核	根据审核无误的原始凭证填写记账凭证。需要注意的是，不同内容和种类的原始凭证不能填写在一张记账凭证上
2	凭证的记账	根据记账凭证，登记各类日记账和明细账、备查账以及台账
3	凭证的装订	凭证先分类整理，按照顺序排列，注意检查编号、日期是否齐全。确认无误后，将记账凭证及所附的原始凭证、凭证汇总表按照编号顺序，选取适当的厚度加上封面，装订成册
4	凭证的归档	装订成册的凭证要交给专人负责保管，年终要将全年的凭证移交档案室登记，归档集中保管

在凭证传递过程中也要注意传递路线、传递时间的问题。凭证的传递要考虑企业的经营特点和人员分工问题，确定凭证流转的环节；精简流转环节，确保凭证的流转速度。

同时还要明确凭证在各个环节的停留时间，避免不必要的延误，提高传递的效率。而且为保证凭证传递的安全、完整，在各个环节都应当指定专人办理交接手续，划分责任的同时保证手续完备。

5.2.2 如何审核记账凭证

记账凭证如果不经过审核就直接根据其填写账簿，那一旦记账凭证记录错误，就会发生账簿记录错误、财务报表记录错误的连锁反应。不但增加工作时间，还会消耗很多精力去查找错误。所以记账凭证填制完成后，必须进行审核，这样可以减少差错的发生。记账凭证的审核内容如表5-3所示。

表5-3 记账凭证的审核内容

序号	审核内容	审核说明
1	记账凭证与原始凭证内容是否一致	记账凭证与原始凭证或原始凭证汇总表进行核对，审核内容是否一致
2	记账凭证与原始凭证汇总表内容是否一致	
3	是否填写完整	记账凭证日期、编号、摘要、会计科目、金额、附件数量、相关人员签章等是否填写完整
4	记账凭证编号是否连续	审核凭证编号是否连续，是否存在重号、漏号的情况
5	会计科目是否使用正确	（1）会计科目是否按照统一的会计制度进行填制 （2）会计科目借贷方是否填写正确 （3）明细科目是否根据原始凭证进行合理设置 （4）会计科目是否按照原始凭证发生的经济业务进行填制
6	金额是否准确	金额是否与原始凭证金额一致，计算是否正确
7	记账凭证附件是否齐全	（1）除结账、更正错误的记账凭证外的其他凭证后面是否都有附件 （2）原始凭证数量是否与记账凭证上填写的附件张数相符 （3）单独保管的原始凭证附件，是否在摘要栏填写清楚
8	文字、数字是否清晰、工整	（1）记账凭证文字、数字是否填写清楚，符合要求 （2）是否按规定更正错误
9	是否加盖"收讫""付讫"戳记	记账凭证后附的原始凭证是否加盖"收讫""付讫"戳记
10	借贷方数字是否相等	记账凭证借贷方合计数是否相等

5.2.3　如何编制汇总记账凭证

何为汇总记账凭证？顾名思义，汇总记账凭证就是把一定时期内的同类记账凭证进行定期汇总而编制的记账凭证。汇总记账凭证包括汇总收款凭证、汇总付款凭证和汇总转账凭证三种，如表5-4所示。

表 5-4　汇总记账凭证的分类

序号	名称	说明
1	汇总收款凭证	根据"库存现金"和"银行存款"账户的借方进行编制，并将各对应账户的贷方分类后，进行汇总编制
2	汇总付款凭证	根据"库存现金"和"银行存款"账户的贷方进行编制，并将各对应账户的借方分类后，进行汇总编制
3	汇总转账凭证	根据设置账户的贷方进行编制，对设置账户的借方分类后，进行汇总编制 需要注意的是，在编制的过程中贷方账户必须唯一，借方账户可以有一个或者多个。也就是说转账凭证必须是"一借一贷"或"多借一贷"。也可以不编制汇总转账凭证，直接依据单个转账凭证登记总分类账。汇总转账凭证如图5-12所示

汇总转账凭证						
贷方科目：　　　　　　　　　　　　　年　　月　　日　　　　　　　　汇转字第　　号						
借方科目	金额				总账页数	
	1—10 日 记字第　号	11—20 日 记字第　号	21—30 日 记字第　号	合计	借方	贷方
合计						
会计主管：　　　　　记账：　　　　　出纳：　　　　　复核：　　　　　制单：						

图 5-12　汇总转账凭证

在使用会计电算化的企业中，很少会通过汇总记账凭证汇总统计记账凭证的内容，所以本小节也不做过多的展示。

5.2.4　如何编制科目汇总表

科目汇总表属于记账凭证的一种，但其并非直接根据原始凭证来编制的，而是对单一记账凭证的信息进行汇总。由于单一记账凭证的数量多、信息量大，因此通过科目汇总表，将有相同科目的记账凭证的信息汇总，便于核对和统计。

每月编制一次科目汇总表，在一定程度上也能起到试算平衡的作用。对于业务量较大的企业，可以每五天或十天编制一次科目汇总表。

科目汇总表的数据可以来自明细账，也可以来自记账凭证。科目汇总表如图 5-13 所示。

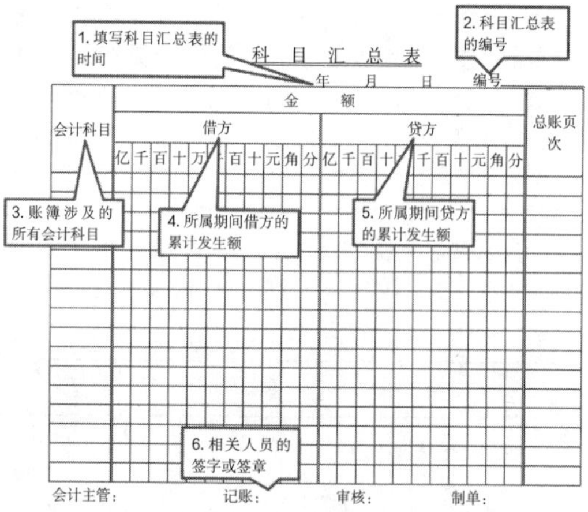

图 5-13　科目汇总表

科目汇总表的编制过程如表 5-5 所示。

表 5-5　科目汇总表的编制过程

序号	步骤	做法
1	分类填制 T 型账户	将一段时间内的所有记账凭证，按科目进行分类，定期汇总各科目当期的借方发生额和贷方发生额，并填写在 T 型账户中。 在编制 T 型账户时要注意按照记账凭证依次编写，确保 T 型账户的借贷方金额与记账凭证一致，避免借贷方不平衡，导致科目汇总表编制失败
2	依据 T 型账户填写科目汇总表	将 T 型账户的科目填写到科目汇总表的科目中，T 型账户左侧的金额填写到科目汇总表的本期发生额借方，T 型账户右侧的金额填写到科目汇总表的本期发生额贷方
3	试算平衡	将一段时间内涉及的会计科目的本期发生额的借方和贷方全部填写完成后，需要进行试算平衡，确保科目汇总表的借方发生额合计数等于贷方发生额合计数

科目汇总表是对记账凭证的进一步汇总，可用于进行试算平衡和登记总账。企业财务报表的数据只能产生于总账，而企业总账的数据只能产生于科目汇总表，所以科目汇总表非常重要。

使用财务软件的企业，科目汇总表的编制是通过系统一键生成的，不但能减少手工编制的程序，而且只要记账凭证不错，那么自动生成的科目汇总表应当与记账凭证的内容相符。那如何导出科目汇总表呢？以东方养殖公司所用的财务软件为例。

会计登录账号后，单击"总账"→"凭证"→"科目汇总"后，弹出的界面如图 5-14 所示。

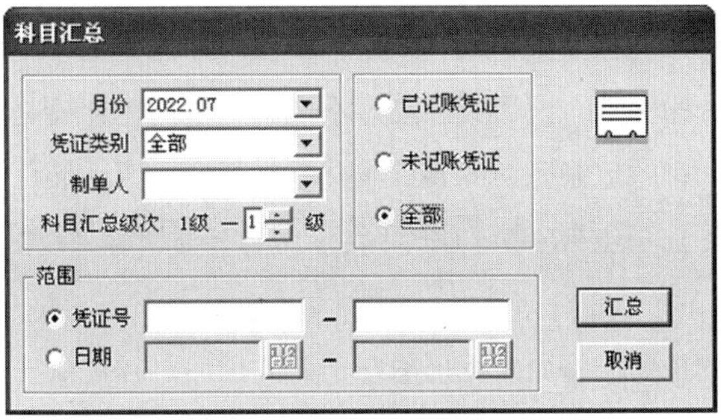

图 5-14　科目汇总

东方养殖公司选择的月份为 2022 年 7 月，凭证类别选择的全部，凭证也选择的全部。信息设置完毕后，单击"汇总"，弹出的界面如图 5-15 所示。

科目汇总表

共5张凭证,其中作废凭证1张,原始单据共1张   月份:2022.07

科目编码	科目名称	外币名称	计量单位	金额合计		外币合计		数量合计	
				借方	贷方	借方	贷方	借方	贷方
1002	银行存款			8,000.00	200.00				
1405	库存商品			500.00					
资产小计				8,500.00	200.00				
2202	应付账款				500.00				
负债小计					500.00				
4103	本年利润				7,800.00				
权益小计					7,800.00				
6001	主营业务收入			8,000.00	6,000.00				
6602	管理费用			200.00	200.00				
损益小计				8,200.00	8,200.00				
合计				16,700.00	16,700.00				

图 5-15　科目汇总表

在图 5-15 的界面中，单击"输出"，选择保存的位置，即可完成科目汇总表的导出。

5.2.5　如何装订出高质量的记账凭证

在会计师事务所工作期间，我曾受一家企业的委托，为其出具审计报告。在工作现场，我向会计说明了开展审计工作需要取得的资料。随后，会计安排人员拿来几个大箱子，里面是一个个小盒子。

我的第一个感觉是，小盒子里应该存放着装订成册的记账凭证。我一边暗暗赞叹会计如此精心保管凭证一边打开小盒子，里面的记账凭证竟然是散放的。虽然按照记账凭证的编号排好了序，但是在没有装订的情况下，直接装进了盒子里。

填制好的记账凭证如果不装订成册，不仅日后查找起来不方便，也容易丢失，不便于日常的保管。记账凭证装订不规范的情况比比皆是，有的记账凭证用订书钉装订，有的记账凭证的装订线裸露在外面，有的装订完的记账凭证拿起来都快要散架了。这样的装订方式不便于保管，凭证容易被拆开，产生造假、舞弊的风险。

手工记账的企业，将原始凭证附在记账凭证后，按记账凭证编号整理好就可以装订成册了。实行会计电算化的企业，填好的记账凭证都是以电子的形式保存的，此时应将记账凭证打印出来装订成册。以东方养殖公司使用的财务软件为例。

会计登录账号后，单击"总账"→"凭证"→"打印凭证"后，界面如图 5-16 所示。按照企业的需要对打印参数进行设置。

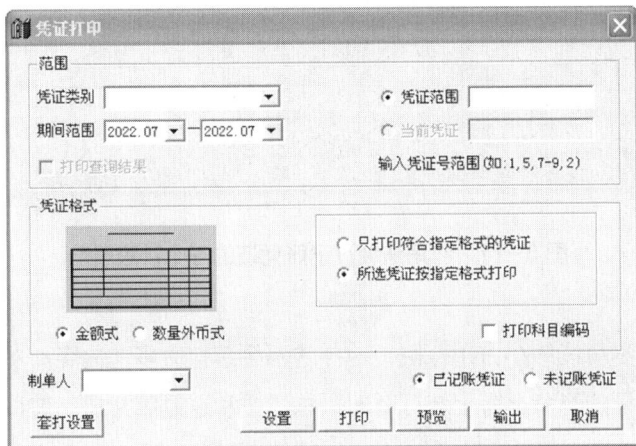

图 5-16　凭证打印参数设置

设置完成后，单击"打印"即可将所有的凭证都打印出来。

在税收检查、审计查账时，记账凭证是必查的会计资料之一。装订美观的记账凭证代表着企业会计的基本形象，所以装订出一册高质量的记账凭证，成为许多企业考核会计基本功的一项标准。

装订记账凭证前，应当先分类整理，按顺序排列，检查日期、编号是否齐全。装订记账凭证的方法主要有两种。

1. 包角法

在排好序的记账凭证前面和后面分别放好封面和封底，还需要一张与封面质量一样的牛皮纸，用来做护角。把用作护角的牛皮纸放在封面的左上角，用夹子固定住，在左上角打上三个针眼，用针在三个针眼处来回穿线，最后在打结，将护角上折并用胶水粘牢。包角法装订记账凭证的三个针眼展示如图 5-17 所示。

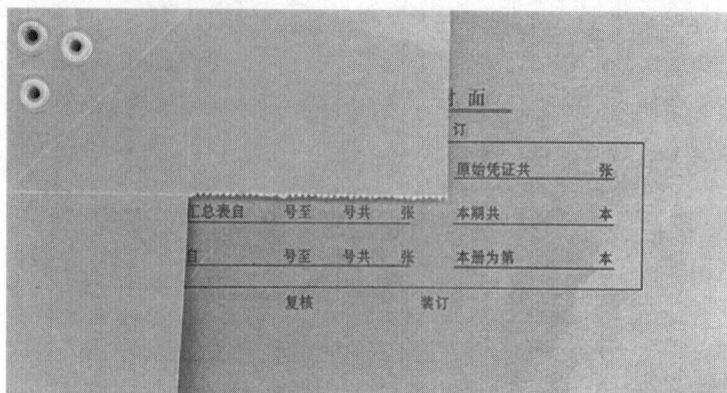

图 5-17　包角法装订记账凭证的三个针眼展示

装订时尽可能缩小占用范围，这样才不会遮挡太多的内容。然后在装订成册的记账凭证的脊背上写上装订时间、总册数和这是第几册，装订人需要在装订线封签处签字或盖章。最后将封面的相关信息填写完整。

2. 包边法

在凭证左侧打三个孔，然后采用 8 字形穿线的方式装订。先从最下方的孔由背面向正面穿线，再把线穿过中间的孔，然后穿过上方的孔，此时是 S 形。再把线穿回中间的孔，此时两个线头就都在凭证背面了，再将两个线头扎成死扣，剪掉多余线头。用包边法装订的记账凭证如图 5-18 所示。

图 5-18　包边法装订记账凭证

　　有些企业用 A4 纸打印记账凭证，由于大部分原始凭证小于 A4 纸的尺寸，所以就会使用 A4 纸作为原始凭证的粘贴单。无论记账凭证采用何种尺寸，也无论采用哪种装订方法，需要注意的是记账凭证都要装订得结实。

　　为保证装订好的记账凭证整齐、完整，装订好的记账凭证都需要做压平处理。这是保证凭证平整最重要的一个环节，不可或缺。

第

6

章

账簿——会计信息的储存工具

6.1　账簿的分类

账簿以记账凭证为依据，对企业的经济业务进行全面、系统、连续、分类的记录和核算。账簿是会计核算的重要组成部分，是连接会计凭证和财务报表的桥梁，登记得准确无误的账簿，对未来编制财务报表至关重要。

账簿有固定的格式，账簿由彼此之间相互联系的账页组成。账簿是编制财务报表的依据，也是保存会计资料的重要工具。

6.1.1　账簿按用途有何分类

为了满足经营管理和经济业务活动的需要，在会计工作中使用的会计账簿是多种多样的。账簿依照不同的划分标准，有不同的分类。账簿的分类如表 6-1 所示。

表 6-1　账簿的分类

序号	账簿名称	包含内容	说明
1	序时账簿	现金日记账 银行存款日记账	按逐日发生的顺序，根据收、付记账凭证的内容，登记到现金日记账和银行存款日记账
2	分类账簿	总分类账	分类登记企业发生的全部经济业务，比如应收账款的总分类账，无论是应收哪一个单位的款项，均登记至应收账款的总分类账中

续表

序号	账簿名称	包含内容	说明
2	分类账簿	明细分类账	根据总分类账所属的明细账户设立，用来登记某一类业务事项。比如应收账款——××企业，只有与该企业相关的应收账款业务才登记至该账簿中。相比总分类账，明细分类账更为详细地对应到每一个明细项下
3	备查账簿		对一些无法在序时账簿和分类账簿中记录和反映的业务，或序时账簿和分类账簿记录、反映得不全面的业务进行补充登记。备查账簿可以为某些业务提供参考资料

6.1.2 账簿有哪几种格式

账簿按照账页的格式不同，可以分为两栏式账簿、三栏式账簿、多栏式账簿、数量金额式账簿以及横线登记式账簿，其中常用的是三栏式账簿、多栏式账簿以及数量金额式账簿。对三种常用账簿格式的说明以及应用介绍见表 6-2。

表 6-2　账簿的介绍

序号	账簿格式	说明	应用
1	三栏式账簿	以借方、贷方和余额三栏作为基本结构	三栏式账簿适用于只需要进行金额核算的经济业务。一般情况下总分类账、结算类账户采用该账簿，如往来款、货币资金等均可使用三栏式账簿。三栏式账簿样式如图 6-1 所示
2	多栏式账簿	在借方和贷方两个基本金额栏的基础上再设置若干专栏	主要用于分项目反映的经济业务。收入、费用等的明细账采用该账簿。多栏式账簿样式如图 6-2 所示
3	数量金额式账簿	基本结构也是借方、贷方和余额三栏，但在每一栏的下面又额外设置了数量、单价和金额三个小栏目	这种账簿适用于既需要进行金额核算，也需要进行数量核算的经济业务。原材料、库存商品等的明细账采用该账簿。数量金额式账簿样式如图 6-3 所示

总　账

会计科目_____

年		凭证号	摘要	借方									贷方									借或贷	核对号	余额								
月	日			千	百	十	万	千	百	十	元	角	分	千	百	十	万	千	百	十	元	角	分			千	百	十	万	千	百	十	元	角	分

图 6-1　三栏式账簿样式

多栏式明细账

编号：　　　　　　　　　　　　　　　　　　　　　　　　　　　　　　　　　　科目：

年		凭证	摘要	借方	贷方	余额	电话费	招待费	办公费	差旅费	水电费	福利费	工会经费	职工教育经费	折旧费	摊销费
月	日															

图 6-2　多栏式账簿样式

数量金额式明细账

年		凭证号	摘要	借方												贷方												余额											
月	日			数量	单价（元）	金额										数量	单价（元）	金额									数量	单价（元）	金额									
						千	百	十	万	千	百	十	元	角	分			千	百	十	万	千	百	十	元	角	分			千	百	十	万	千	百	十	元	角	分

图 6-3　数量金额式账簿样式

6.1.3　账簿有哪些基本结构

记得就业的第一天，财务科长就拿了一本空白的账本放在我面前，让我准备接手出纳工作。翻开账本，映入眼帘的是一张表格，表格顶端写着"启封页"。

说实话，我当时真有点懵，启封页的第一行就需要填写账簿名称。

"这本账簿叫什么名，账簿名称填什么呀？"只因那时单位一个会计专业的都没有，财务科长见到我，就直夸我是专业出身。我坐在那里整整一上午，也没好意思开口问出这句话，就是怕大家笑话我问如此低级的问题。临近中午，我无奈地合上了账本，才突然发现账本的封面印着五个大字"现金日记账"。

这件事情已经过去快三十年了，现在还是能回忆起那时的尴尬。但这也让我对账簿的结构理解得更加深刻。账簿的格式虽然多种多样，但其基本的构成是封面、启封页和账页。

1. 封面

封面应标明账簿的名称，如总分类账、现金日记账、银行存款日记账等。账簿封面如图 6-4 所示。

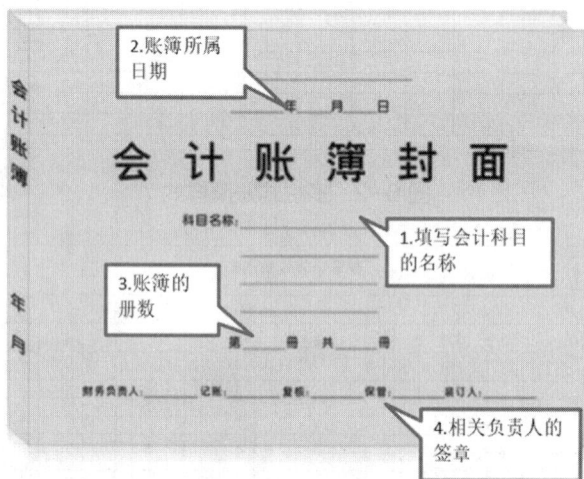

图 6-4　账簿封面

2. 启封页

启封页又叫扉页，或者账簿启用表，用来填列会计账簿的使用信息，主要包括账簿启用日期、页数等内容。以北京宗诚恭制造有限公司账簿启用表为例介绍，账簿启用表如图 6-5 所示。

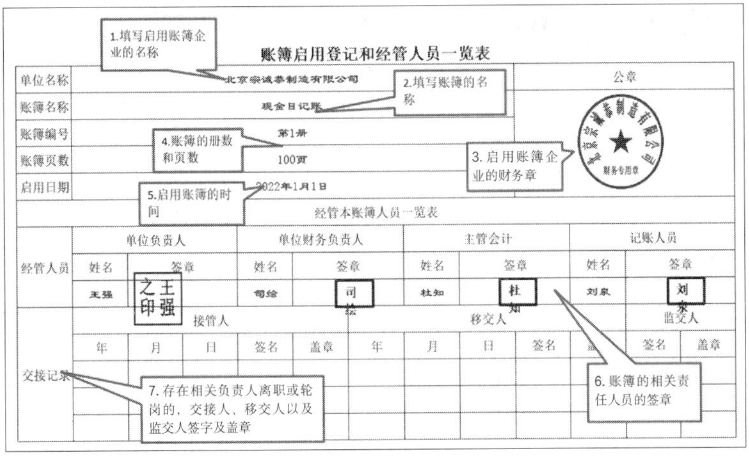

图 6-5　账簿启用表

3. 账页

账页是账簿用来记录经济业务事项的载体。现金日记账账页如图 6-6 所示。

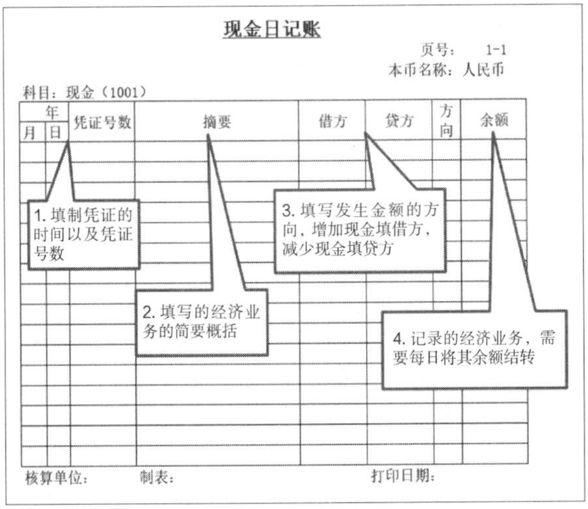

图 6-6　现金日记账账页

因企业经营业务的范围不同，其选择的账页也存在差异，但包含的基本信息都是一样的。企业要根据自己的生产经营需要选择适合自己的账页。

115

6.2 账簿的生成

根据记账凭证登记账簿前，首先需要确定使用哪些账簿，并建立账套。建立账套后，就要启用和设置账簿，进行登记书写，并通过会计稽核确保账簿登记准确无误。

6.2.1 登记账簿的注意事项

账簿是企业财务信息的"百宝箱"，账簿登记的正确与否直接影响财务报表编制质量的高低。账簿填写的注意事项以及书写要求如表 6-3 和表 6-4 所示。

表 6-3 账簿填写的注意事项

序号	注意事项	说明
1	保持整洁，防止被篡改	记账时不得使用铅笔和圆珠笔，必须使用蓝色或黑色墨水笔书写，画线、改错和冲账以及表示余额为负数时则使用红色墨水笔，不可随意乱画、乱写
2	账簿页次连续，不得跳页	在记账时，如不小心发生隔页或跳行，应当用红色墨水笔在空白处画对角线，并注明"作废"字样，记账人员应当在画线处签名、盖章
3	账簿登记正确、合法	登记账簿前应当严格审核记账凭证，确保账簿登记准确无误
4	保持账簿的连续、衔接	每登记完一页，应当在最后一行结算出所在页的合计数和余额，应当在摘要栏注明"过次页"
5	登记账簿要及时、日清月结	账簿要逐日逐笔进行登记，分类账也要逐日或每隔若干天登记一次，不得拖延。文字和数字应紧挨底线书写，写到中线附近最为合适

表 6-4 账簿的书写要求

序号	书写要求	说明
1	使用蓝黑墨水或碳素墨水笔书写，不可使用圆珠笔或铅笔	账本的保存时间长，圆珠笔的笔油容易挥发，铅笔容易被涂改，都不利于账簿的保存
2	登记内容要齐全	登记账簿时，要根据会计凭证的日期、编号、摘要和金额一次记入账簿内，登记完毕后在凭证上签字或盖章，并画对勾（√）表示已经登记入账
3	按页次顺序逐页登记，不可跳行或隔页	若发生跳行或隔页，应当在空白处用红色墨水笔画对角线注销，并注明"此页空白"或"此行空白"的字样
4	记账要清晰、整洁	文字或数字不能顶格写，严禁刮擦、挖补、涂改或使用消字水
5	红色墨水笔要慎用	在会计工作中红字表示对蓝字的冲销、冲减或负数，除了结账、改错和冲销外，不得使用红色墨水笔书写
6	账页结转要细致	在账页倒数第二行算出本页的合计数和余额，在最后一行摘要栏注明"过次页"字样，并在下一页的第一行摘要栏中用红色墨水笔注明"承前页"字样，以保证账页记录的连续性

不同账簿的具体登记内容有所不同，每种账簿因记载的事项不同，其登记管理也有出入。以明细账为例，对其书写的要求如图 6-7 所示。

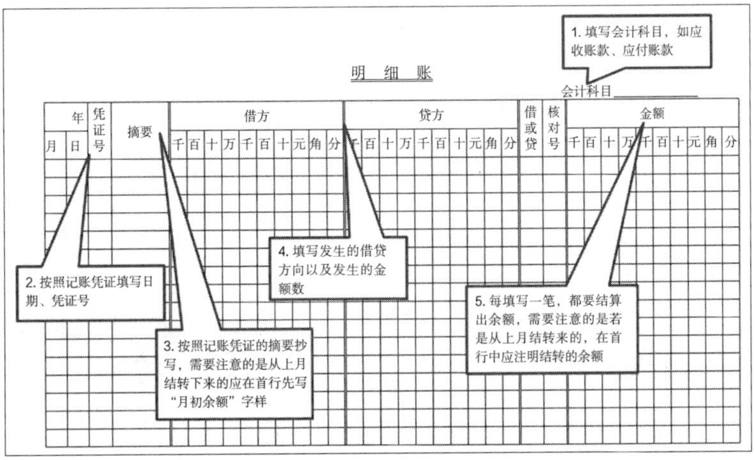

图 6-7 明细账的登记

东方养殖公司的会计每个月月底都会定期登记明细账以及总账，其登记的应收账款明细账如图6-8所示。

年		凭证号	摘要	借方									贷方									借或贷	核对号	余额								
月	日			千	百	十	万	千	百	十	元	角	分	千	百	十	万	千	百	十	元	角	分			千	百	十	万	千	百	十	元	角	分
6	1		月初余额																					借					3	2	1	6	0	0	0
6	5	3	收回××公司欠款															5	0	0	0	0	0	贷					2	7	1	6	0	0	0
6	10	7	出差借款				3	0	0	0	0	0												借					3	0	1	6	0	0	0
6	21	12	销售鸭蛋一批				1	0	2	0	0	0												借					4	0	3	6	0	0	0
6	28	16	收回借款															4	2	0	0	0	0	贷					3	6	1	6	0	0	0
			期末余额																					借					3	6	1	6	0	0	0

图6-8　东方养殖公司应收账款明细账

6.2.2　凭证过账应该如何操作

手工记账的凭证，经过审核、签字后，就可以直接用来登记总账、明细账等账簿。但对于实行会计电算化的企业，通过记账凭证登记账簿，则被称为"凭证过账"。

东方养殖公司的会计人员以自己的账号和密码登录系统后，在目录中单击"总账"→"凭证"→"记账"，弹出的界面如图6-9所示。

图6-9　记账

界面上显示了记账的范围，确认无误后，单击"下一步"，弹出"期初试算平衡表"界面，如图6-10所示。

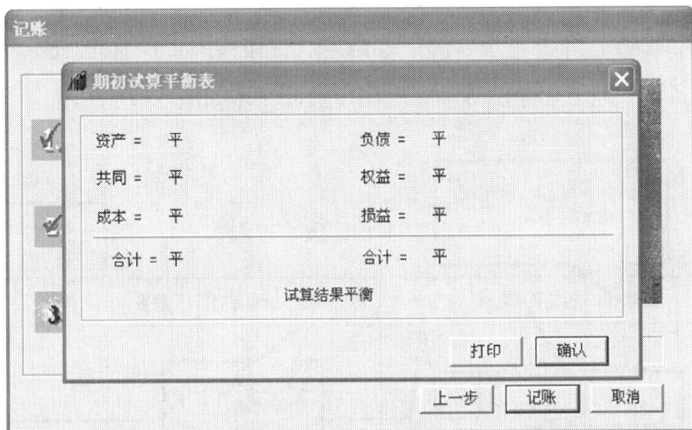

图6-10 期初试算平衡表

在试算平衡表上单击"确认"，系统开始记账，记账完成后，系统会提示"记账完毕！"，如图6-11所示。

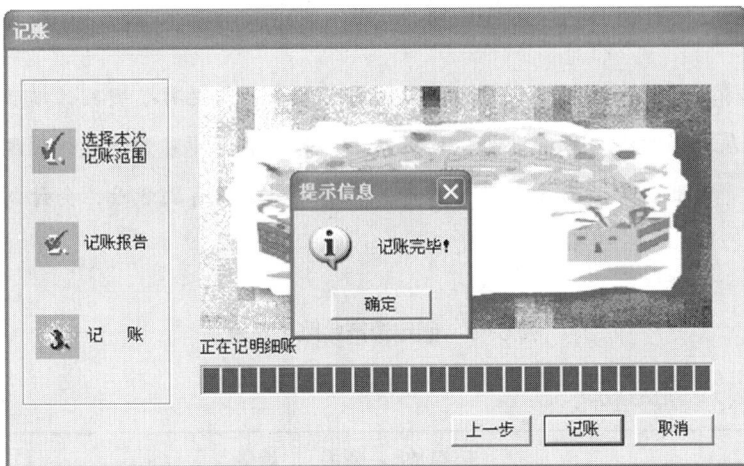

图6-11 记账完毕

通过这一系列操作，记账凭证的内容就会自动登记到各类相关的账簿中。

6.2.3　如何登记固定资产卡片

固定资产台账是专门用于登记各种固定资产内容的账簿，记录固定资产的购入时间、价格、经办人员、部门等信息。台账按照资产管理的要求，一般设置编码、名称、原值和净值等项目。固定资产台账如图 6-12 所示。

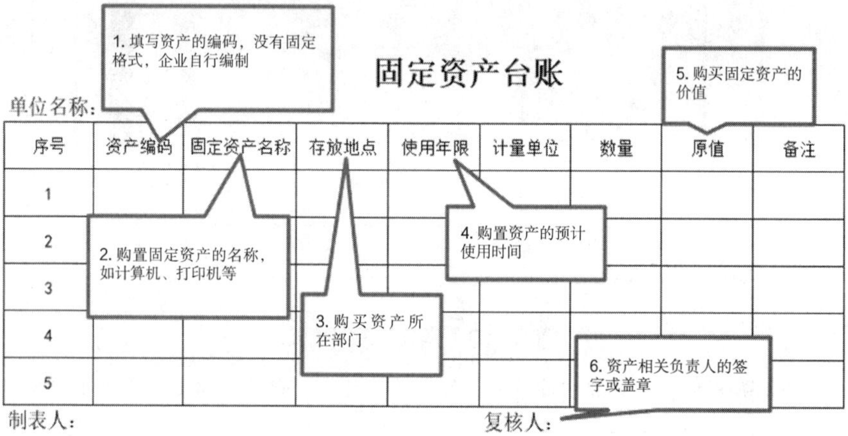

图 6-12　固定资产台账

随着鸭子的不断增多，东方养殖公司的经济效益也有了突破性增长。为了规范发展，同时也合理管理公司的资产，公司要求会计对资产进行管理，设置固定资产台账，规范化管理公司的资产。对于公司现有的资产，会计制定的固定资产台账如表 6-5 和表 6-6 所示。

表 6-5　固定资产台账（总表）

单位名称：东方养殖公司

序号	资产编码	固定资产名称	存放地点	使用年限	计量单位	数量	原值	备注
1	22020301	电子计算机－台式电脑	财务科	4 年	台	3	10,200 元	

续表

序号	资产编码	固定资产名称	存放地点	使用年限	计量单位	数量	原值	备注
2	22020302	电子计算机－笔记本电脑	财务科	4 年	台	1	5,400 元	
……	……							

表 6-6　固定资产台账（分表）

单位名称：东方养殖公司

序号	资产编码	名称	规格型号	存放地点	使用人	购置时间	使用年限	计量单位	数量	原值	备注
1	2202030101	电子计算机－台式电脑	联想510Pro	财务科	×××	2022年3月1日	4 年	台	1	3,400元	
2	2202030102	电子计算机－台式电脑	联想510Pro	财务科	×××	2022年3月1日	4 年	台	1	3,400元	
……	……										

　　从固定资产台账上可以清楚地看到每种资产所处的状态。台账没有固定的格式，按照企业资产管理需求设计即可。随着社会发展，会计电算化越来越普及，学会使用财务软件既方便又省时，那如何使用财务软件来管理企业的固定资产呢？只需要会计将购置资产的相关信息录入财务软件的固定资产卡片中，系统就会自动生成固定资产台账。

　　东方养殖公司新购入一台联想计算机，价值为 10 200 元，预计使用年限为4 年，净残值率为 5%，供办公室使用。针对新购入的固定资产，不仅需要登记入账，还需要在软件中的"固定资产"板块进行登记。本案例省略固定资产的初始化设置。

　　录入固定资产卡片前需先增加资产类别，登录软件后，单击"固定资产"→"设置"→"资产类别"，在弹出的界面中填写类别编码、类别名称、使用年限等信息后，单击"保存"，如图6-13所示。

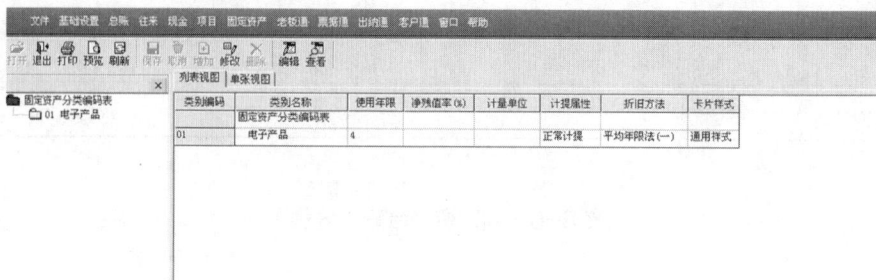

图6-13　增加固定资产的资产类别

固定资产的资产类别填写完成后，还需要增加部门档案。单击"固定资产"→"设置"→"部门档案"，在弹出的界面中填写部门编码、部门名称等信息后，单击"保存"，如图6-14所示。

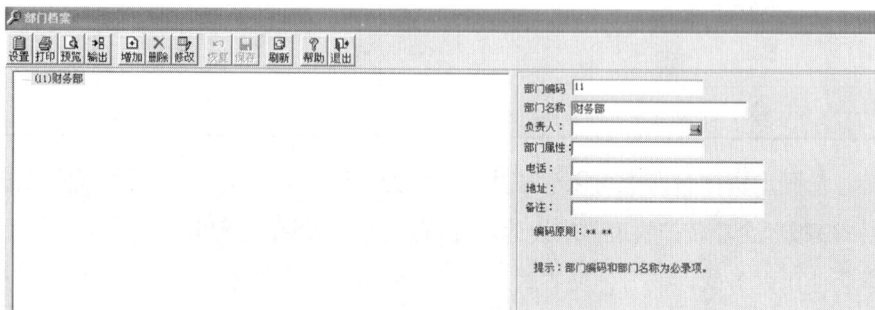

图6-14　增加固定资产部门档案

固定资产部门档案填写完成后，就可以按照固定资产信息填写固定资产卡片了，如图6-15所示。

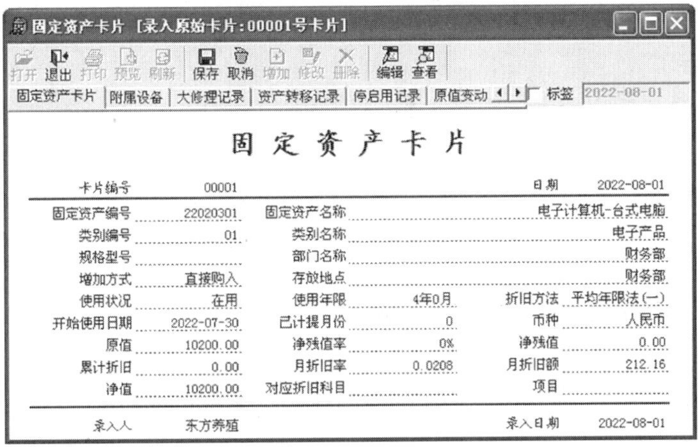

图 6-15　固定资产卡片

6.2.4　如何查询各类账簿

所有的记账凭证经过审核、签字后，就可以登记总账、明细账等各类账簿，而实行电算化的企业更方便，只要确保凭证登记准确，记账完成后，就可以在系统中查询各种账簿，那该如何查询呢？

我们仍然以东方养殖公司的账套为例，会计以自己的账号和密码登录后，单击"总账"→"账簿查询"后，会计可以根据需要查询总账、明细账、余额表、序时账等各种账簿。以总账为例，单击"总账"后，界面如图 6-16 所示。

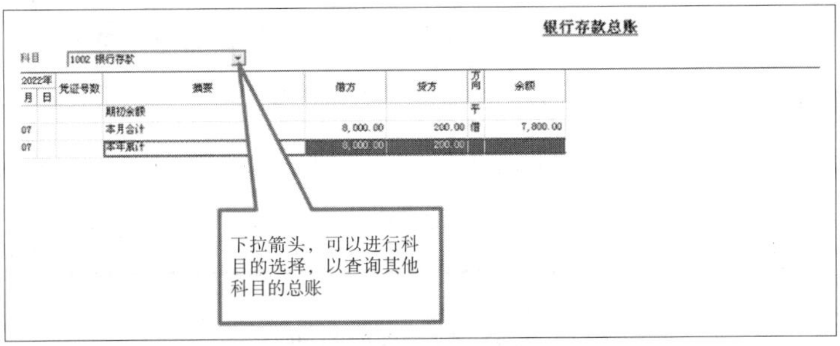

图 6-16　总账查询

不同科目的明细账的查询方式与总账的查询方式是一样的。在这里就不再过多叙述。

虽然大多数财务软件的界面不一样，但功能一样，都是按照会计核算的顺序进行，且形成的表格格式也是统一的，所以无论使用哪种财务软件查询账簿，只需要在软件界面中找到"账簿查询"等类似字样即可进行。

6.2.5　如何打印和装订账簿

账簿的打印，一般是对实行会计电算化的企业而言的，因为手工记账是在已有的纸质账簿上进行登记填写，也就无须进行打印。实行会计电算化的企业怎么打印账簿呢？以东方养殖公司为例来说明如何打印与装订账簿。

会计登录软件后，单击"总账"→"账簿打印"，选择要打印的账簿，在弹出的界面中按照要求进行选择并打印。以总账的打印操作为例，单击"总账账簿打印"后，在弹出的界面中选择打印的科目范围、级次范围以及账页格式，如图 6-17 所示。

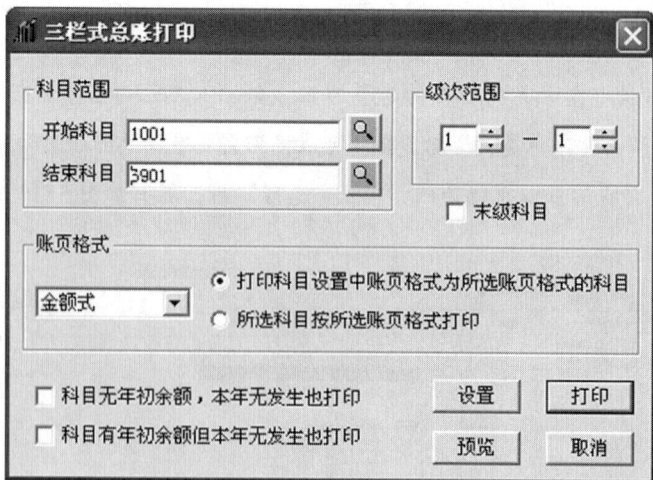

图 6-17　总账打印

科目范围、级次范围等填写完后，单击"设置"，弹出"页面设置"界面，如图 6-18 所示。对方向、页边距设置完成后单击"确定"按钮。

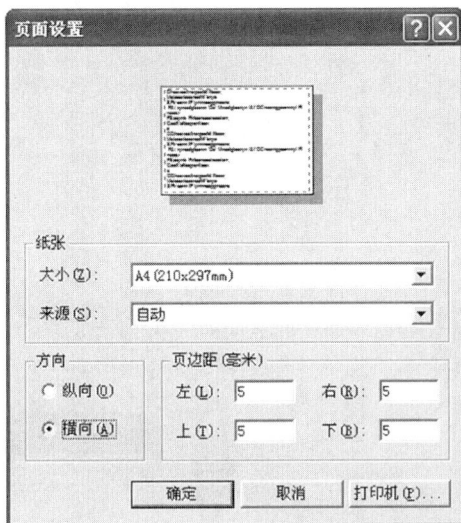

图 6-18 页面设置

确认后就返回图 6-17 所示的界面，单击"打印"，总账账簿的打印就完成了。其他账簿的打印步骤与总账账簿的打印步骤相似。

账簿打印好后，就要对账簿进行装订。在装订前还要打印一张账簿启用表，账簿启用表的填写在 6.1 节中已经详细介绍。账簿启用表的信息可以手写，也可以机打。

进行装订的账簿必须已经按照封面、账簿启用表、目录、账页、底部封面的顺序排列整齐。其装订方法主要采用包边法。账簿的装订需要注意的是不同样式的账簿不能混淆，要分开装订，比如三栏式活页账、多栏式活页账和数量金额式活页账要按同类业务、同类账页进行装订。

第 **7** 章

结账与对账——会计结果的验证

7.1　对账与差错更正

所有经济业务生成凭证，登记账簿后，最让会计人员担心的就是如何确定自己的工作是正确的。虽然通过科目汇总表，已经确定了会计恒等式处于平衡状态，但并不能保证所有的经济业务均真正记录在"案"。

那么这就需要进行对账。如果发现有错账，还要及时更正。在本节，我们就来说说对账与差错更正。

7.1.1　如何理解会计上的对账

在会计师事务所工作了若干年，对"核对"这项工作的理解是非常深刻的。记得有次去一个乡镇企业审计，会计人员用的还是手工记账，我用了整整三天时间只做了一件事，就是核对明细账、总账和报表记载的数据是否相符。

所以每当看见有人审计的企业还是手工记账时，我就对其感到同情。

对于使用财务软件记账的会计来说，会计对账的工作量已经大为减少。记账凭证录入后，根据录入的记账凭证，会计账簿以及财务报表都可以一键生成，所以账账核对的工作几乎不必再做了。

如果会计不进行对账，那么根据记账凭证登记账簿、根据账簿生成报表的过程都可能会出错，造成后续数据的不准确，会计的工作也就失去了意义。所以对账也是校对的过程。通过对数据、内容、记账符号等进行核对和检查，保证账簿记录的真实、准确。

对账的方式包括账证核对、账账核对、账表核对和账实核对四种，对这四种对账方式的理解如表 7-1 所示。

表 7-1 对账的四种方式

序号	核对方式	理解
1	账证核对	会计账簿与记账凭证核对，记账凭证与原始凭证核对 这种核对方式一般在填写记账凭证和复核记账凭证的环节发生，因为账证相符是会计核算最基本的要求
2	账账核对	把不同的会计账簿进行核对，包括总分类账借贷方与余额的核对、总分类账各账户余额与明细账期末余额的核对、财会部门的资产明细账与仓管部门或其他部门的资产明细账的核对 比如会计人员要将现金日记账与总分类账中的现金账户核对，将银行存款日记账与银行存款总账余额核对
3	账表核对	会计账簿与各类财务报表进行核对 比如现金日记账与银行存款日记账分别与总分类账中的"库存现金"账户与"银行存款"账户期末余额核对
4	账实核对	把各种财产、债权、债务等的记录金额与实有金额相核对 比如会计人员通过询证函的方式核对债权、债务；现场盘点现金，与现金日记账的余额进行核对；将银行对账单与企业的银行日记账进行核对；盘点实有资产与账面记录的资产数量是否一致等

通过对账，会计可以检查记录的真实性与完整性，防止各种差错与账实不符的情况出现，同时还可以为企业决策者提供正确的数据参考。

7.1.2 企业该如何进行对账

不同的对账方式，采用的对账方法也不尽相同。而且对账也是讲究技巧的，既要保证财务数据的正确性，又要尽量减少对账的工作量。

1. 账证核对

（1）收款和付款业务的原始凭证与记账凭证的核对由会计人员负责，基本会采用逐一核对的方式，以确保出纳根据原始凭证制作记账凭证的准确性。

（2）对于转账业务中原始凭证与记账凭证的核对，则由编制该凭证以外的会计人员进行，也应采用逐一核对的方式。

（3）账簿与记账凭证的核对，一般采用抽查的方式进行。如果根据账簿编制的财务报表出现会计恒等式的不平衡，那么有必要将账簿与记账凭证逐一核对。

2. 账账核对

（1）采用财务软件记账的企业，会计账簿以及财务报表是通过软件一键生成的，所以账账核对的工作几乎不必再做了。

（2）总分类账与所属明细账的余额核对。将明细账的期末余额与总账相关账户期末余额进行核对，看两者是否相符。

（3）原材料等存货的明细账与保管账也需要进行核对。对于手工记账的企业，需要每月将存货明细账与保管账进行核对，以确保存货保管员的记载准确。

对于采用企业资源计划（ERP）等电子信息记录的企业，数据统一录入一次，保管账与材料账都是自动生成的，所以不会存在账账不符的情况。

3. 账表核对

如果采用软件记账的公司，账表核对已在首次设置时完成，以后不必再重复进行账表的核对工作。

4. 账实核对

通过实物盘点清查的方式，核对资产的账簿记录与实有数是否相符。这部分内容将在第 9 章资产及负债的清查中做详细解释。

7.1.3　如何查找错账产生的原因

"216 误写成 261""已经登记了一遍账，接了个电话后，又登记了一遍""借贷方的科目写错了"……这都是会计人员在日常工作中因为马虎或者其他原因造成的错账。一旦发现会计恒等式不平衡或者出现账实不符的情况，会计人员首先要确定是否存在错账。

但是查找错账是一件极为麻烦的事情，有时候记账凭证达几百、上千份，而出现差错的环节太多，如何找起，这就需要会计人员掌握一些查找错账的小技巧，这样才能省时又省力。表 7-2 中整理了一些错账的产生原因以及查找技巧。

表 7-2　错账的产生原因以及查找技巧

序号	错账的产生原因	查找技巧
1	在登记账簿时，因其他事情耽误了导致凭证重记、漏记，或者只登记了凭证的一方	（1）检查总账的登记。将账户记录的金额加总，与总账金额核对，确定"标准账户" （2）核对日记账。若日记账漏记或重记，那与总账的增减发生额就会不一致，若日记账发生额大于总账发生额，则说明重记了，小于则说明漏记了 （3）根据总账发生额与日记账发生额的差额，在账簿或记账凭证中查找
2	账户方向记反，登记账簿时记错了栏次导致账户的一方合计数增加，另一方合计数减少，两方产生差额	利用"除2法"，用产生的差额除以2，可得到记账方向颠倒的数字，再通过账簿查找这个数字，进一步确定是否存在记账方向颠倒的情况
3	单纯的笔误，如数字错位、数字颠倒等	（1）利用"除9法"，可以确定是否有登记数字发生错位的情况，如320元误记成32元，大记小，用实际数减去日记账余额的差除以9，所得出的商数即为登记错误的数字；320元误记成3 200元，小记大，用实际数减去日记账余额的差除以9再乘以10，所得出的商数即为登记错误的数字 （2）数字颠倒造成的错账，如58写成85，差额为27，用差额除以9，商为3，说明颠倒后的两个数字个位与十位的差额是3 （3）记错，漏写角、分的尾数造成的错账，通过与原始凭证一一核对进行查找

7.1.4　发现错账该如何更正

在会计师事务所工作这些年，我看过的账着实不少，会计人员对错账更正的方式可以用五花八门来形容。有的会计人员更正错账的方式仅仅是不标准，而有的会计人员会直接撕毁记账凭证，撕掉账页。

如果在填写记账凭证时写错，在没有粘贴原始凭证，也没有登记账簿之前，是可以重新填制一张正确的记账凭证的。但对于已经登记入账的错账，其处理方式主要有划线更正法、红字更正法和补充登记法。

1. 划线更正法

划线更正法主要用于手工记账，就是在错误的文字或者数字上画一条红色的横线，表示注销。在红线上方的空白处用蓝字或者黑字填写正确的文字或数字，并在更正处加盖更正人的个人名章，明确责任。

东方养殖公司的出纳收到大华食品公司购买鸭蛋的货款合计 8 900 元，并存入了银行账户中，出纳在登记银行存款日记账时，却填写错误，如图 7-1 所示。

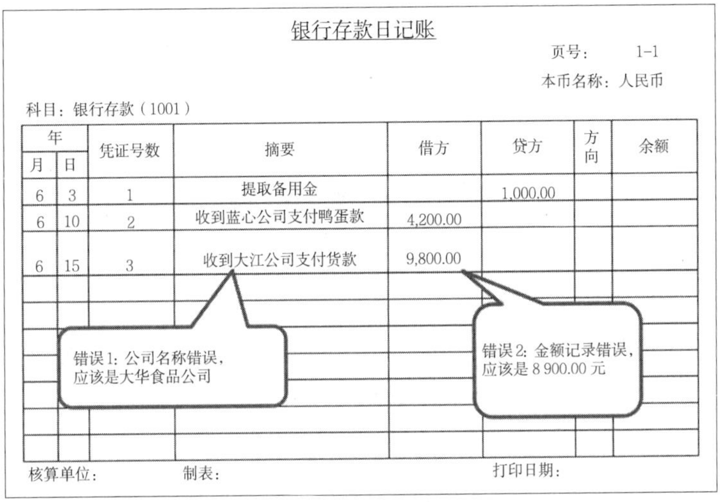

图 7-1　6 月东方养殖公司银行存款日记账

出纳发现自己记账的错误后，用划线更正法进行了修改，修改后的银行存款日记账如图 7-2 所示。

银行存款日记账

页号：　　1-1

本币名称：人民币

科目：银行存款（1001）

年		凭证号数	摘要	借方	贷方	方向	余额
月	日						
6	3	1	提取备用金		1,000.00		
6	10	2	收到蓝心公司支付鸭蛋款	4,200.00			
6	15	3	大华食品公司收到~~大华公司~~支付货款	8,900.00	~~张云~~		~~张云~~

核算单位：　　　　　制表：　　　　　　　　　　打印日期：

图7-2　划线更正法示例

2.红字更正法

无论手工记账还是使用会计电算化，红字更正法都是常用的错账更正方法。

（1）借贷方的会计科目错误。这种错账的更正，需先注销原来的凭证。用红笔填写一张与错账的凭证相同的记账凭证，之后用蓝笔填写正确的记账凭证。

有客户来爷爷的东方养殖公司考察，销售人员招待客户一共支出了1 200.00元。出纳将销售人员交来的发票报销后，填写了如下记账凭证，如图7-3所示。

付　　款　　凭　　证

贷方科目：库存现金　　2022年　　6月　　12日

附单据数　　　张

第　　号　/

摘　要	借　方　科　目		过账	贷方金额										
	一 级 科 目	二级及明细科目		亿	千	百	十	万	千	百	十	元	角	分
报销销售人员招待费用	销售费用	业务招待费							1	2	0	0	0	0
合　计														

会计主管：　　记账：　　出纳：　　复核：　　制单：

图7-3　付款凭证

但会计在复核凭证时，认为该笔业务的发生不应当计入销售费用中，应当计入管理费用中，所以出纳要对该笔凭证进行修改，如图 7-4、图 7-5 所示。

图 7-4 红字付款凭证

图 7-5 蓝字付款凭证

（2）实际记录的金额大于应记录的金额，除此之外，没有其他的错误。这种错账只需要用红笔填写一张与原凭证借贷方科目一样的凭证，只是记录的金额是多记的那部分。

仍以东方养殖公司银行存款日记账记载的收到大华食品公司支付的货款为例，如果出纳并未将公司的名称记录错误，只是金额记录多了，那就可以采用红字更正法，将多记录的 900.00 元冲销，正确的处理方式如图 7-6 所示。

收　款　凭　证

借方科目：银行存款	2022年　6月　28日		过账	附单据数　　　　张
				第　号 - /
摘　要	应　贷　科　目			贷方金额
	一级科目	二级及明细科目		亿千百十万千百十元角分
冲减6月银收3号凭证收到大华食品公司支付的货款	应收账款	大华食品公司		9 0 0 0 0
合　计				
会计主管：　　　记账：　　　出纳：　　　　　复核：　　　制单：				

图 7-6　修改后的收款凭证

3. 补充登记法

补充登记法适用于所记金额小于应记金额，除此之外没有其他错误的情形。这种错账就需要把少记的金额用蓝字填写一张与原记账凭证借贷方科目完全相同的记账凭证，记录的金额是少记的那部分。

仍以东方养殖公司银行存款日记账记载的收到大华食品公司支付的货款为例，如果出纳并未将公司的名称记录错误，只是金额记录少了，将 8 900.00 元写成了 6 900.00 元，少记了 2 000.00 元，那应当补记少记的 2 000.00 元，正确的处理方式如图 7-7 所示。

图 7-7　补记的收款凭证

7.2　结账的处理

结账意味着该月的业务活动基本完成，结账也是会计人员每月必做的工作之一。结账业务的记账凭证是可以不附原始凭证的业务之一，另一项可以不在记账凭证后附原始凭证的业务是订正错账。

7.2.1　结账过程中需要注意什么

为确定期末企业的财务收支状况，对账簿的本期发生额和期末余额进行计算总结，并编制财务报表的过程就是结账。所以，每到期末，就需要结算各种账簿本期发生额和期末余额，并确定这段时间内，企业所发生的经济业务全部已登记入账。

结账的过程：编制结账分录—结账分录的过账—结算本期发生额与余额。

第一步，编制结账分录。

结账分录包括计提固定资产折旧、计提无形资产摊销、结转制造费用、完工产品入库、结转销售的产品成本、计提和结转各类税金、计提工资、结转损益类科目、计提盈余公积、结转本年利润等涉及的分录。大部分结账分录可以不用附原始凭证，有计算过程的结账分录应以计算单作为原始凭证。

第二步，结账分录的过账。

第三步，结算本期发生额与余额。

结账包括日结、月结、季结和年结四种结账方式，如表7-3所示。

表7-3　结账方式

序号	结账方式	解释
1	日结	日结适用于现金日记账和银行存款日记账。日结一般是在每日的工作结束后，逐笔将一天的业务按照顺序登记现金日记账与银行存款日记账，并结出本日的余额，然后将现金日记账与当日的库存现金数进行核对
2	月结	月结就是在月底结账，结算周期就是从上月结账日次日开始到本月结算日截止
3	季结	季结就是在每季季末进行结账，把本季度的发生额合计在一起进行结账
4	年结	年结就是将一个年度发生的经济业务进行结算。年末结存的期末数就是下一年度的期初数

1. 日结

每日结完最后一笔数据，结出当日的余额，并与库存现金核对。

2. 月结

（1）日记账。

在日记账最后一笔记录下面水平画一道通栏红线，代表本月业务结束。在红线下面结算出日记账本月借方发生额、本月贷方发生额和月末余额，并在摘要栏写上"本月合计"。

正常情况下，日记账账户余额为正数或0，因此借或贷栏的填写方式为：余额为正数，则在借或贷栏填写"借"，在余额栏填写余额；余额为0，则在借或贷栏填写"平"，在余额栏的"元"位写"θ"。

然后在下面水平画一道通栏红线，代表完成账簿月结的工作。

（2）明细账。

明细账在月结时要注意，如果本月没有发生额的账户则不需要进行月结，不用画结账红线。按月结算发生额的账户，填写本月发生额后都要结出本月合计发生额及余额，并在下面画一条通栏单红线。

（3）总账。

对于业务增长较多的账户，一般月末可不结出"本月合计"，结出月末余额后，只需在本月最后一笔记录下画一条通栏单红线表示本月记录到此结束。

3. 季结或年结

在季末或者年末所在月份的月合计数下面水平画一道通栏红线，红线下面结算并登记日记账本季或本年借方发生额、贷方发生额、季末或年末余额。在摘要栏写上"本季合计"或"本年合计"。

正常情况下，日记账账户余额为正数或 0，因此借或贷栏的填写方式为：余额为正数，则在借或贷栏填写"借"，在余额栏填写余额；余额为 0，则在借或贷栏填写"平"，在余额栏的"元"位写"θ"。

季结和年结的处理方式分别如下。

（1）季结的处理方式：在季度合计下面水平画一道通栏红线。

（2）年结的处理方式。

①在"本年合计"下面水平画一道通栏红线，代表完成了账簿年结的工作。如果是在 12 月进行年结，应在下面再画一道通栏红线，即在"本年合计"下面一共画两道通栏红线。

②在摘要栏写上"结转下年"，并在"结转下年"下面的空白行画对角线。

7.2.2　会计电算化的结账操作

实行会计电算化的企业，在月末也需要结账。本小节仍然以东方养殖公司所用的财务软件来举例说明结账操作。

东方养殖公司采用月结的结账方式。每月月底，会计人员以自己的账号和密码登录软件后，单击"总账"→"期末"→"结账"，弹出"结账"界面，如图 7-8 所示。

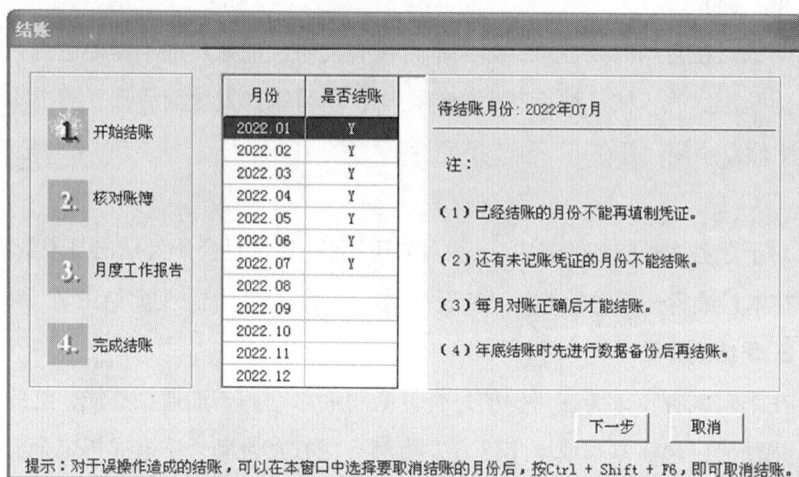

图 7-8　结账

选择好结账的月份后，单击"下一步"，进行账簿的核对，弹出的界面如图 7-9 所示。

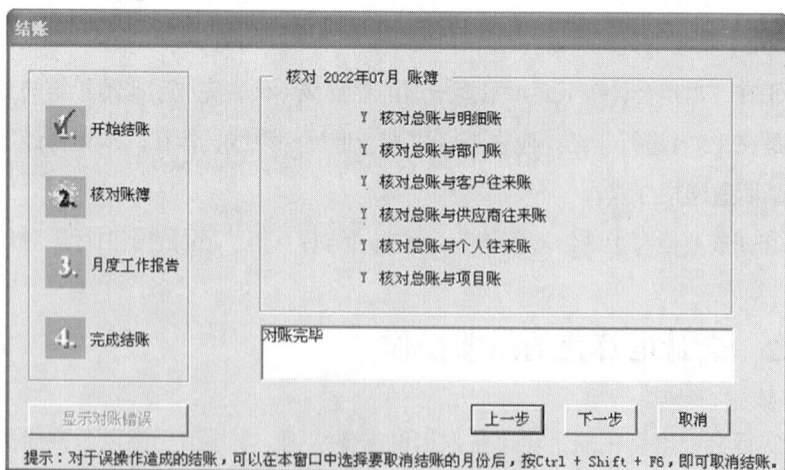

图 7-9　核对账簿

核对账簿结束后，继续单击"下一步"，生成月度工作报告，如图7-10所示。

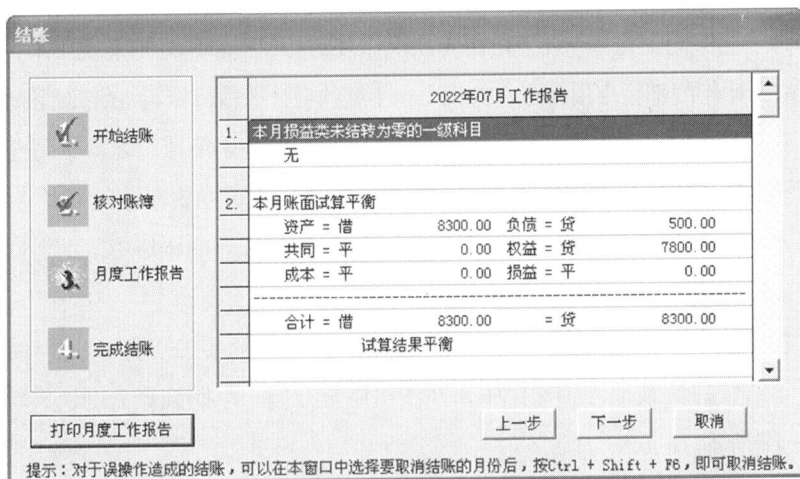

图 7-10　月度工作报告

如果此时出现本月试算结果不平衡的情况，那么首先要进行查错的操作，比如是否有记账凭证存在借贷不符的情况等。待试算结果平衡，核实无误后，再单击"下一步"，最后单击"结账"，如图7-11所示。单击"结账"后，系统就开始进行结账处理。

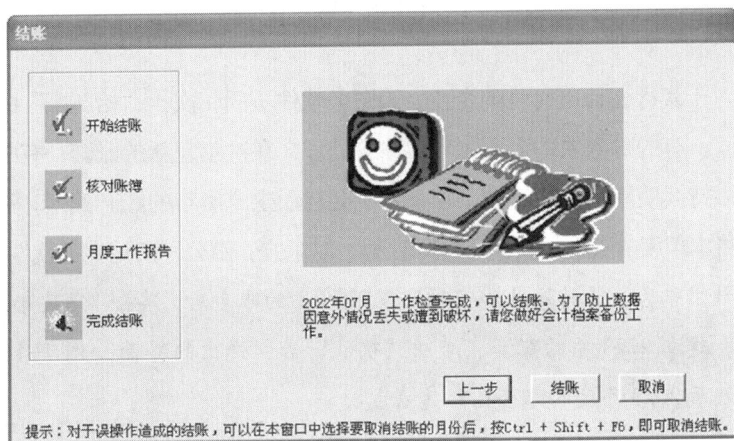

图 7-11　完成结账

7.2.3 如何进行账套更换与抬账

为了能够把企业每一年度的经营状况以及财务状况都清晰地展现出来，一般在新的会计年度都会启用新账，并将上一年度的会计账簿等资料进行归档保管。

对于现金日记账、银行存款日记账、总分类账和明细账等账簿，每年都需要更换新账。固定资产台账可以继续使用，无须每年更换新账。在年末结账后，有期末余额的账户应当将余额结转到下一年度新账对应的账户中。结转时，将账户余额直接计入对应账户的余额栏。

在新账账户的第一行，填写的日期为 1 月 1 日，在摘要栏中填写“上年结转”，将上年结转的金额记入余额栏中，并注明借贷方向。以明细账为例，其填写如图 7-12 所示。

明 细 账

会计科目 应收账款——××公司

年		凭证	摘要	借方										贷方										借或贷	核对	余额									
月	日			千	百	十	万	千	百	十	元	角	分	千	百	十	万	千	百	十	元	角	分			千	百	十	万	千	百	十	元	角	分
1	1		上年结转																					借					3	6	1	6	0	0	0

图 7-12 明细账

而对于实行会计电算化的企业，因财务软件不同，次年“抬新账”的处理方法也不同。有的财务软件需要每年做结转处理，在次年起新的账套；有的财务软件则可以持续使用，无须结转下年，系统会自动生成历年的账套数据。那财务软件如何将本年度的数据结转到下一年度呢？以东方养殖公司所用财务软件为例。

会计用账套主管的账号和密码登录 2022 年的账套后，单击“年度账”→“建立”后，建立 2023 年的账套，单击“确认”后，弹出的界面如图 7-13 所示。此界面表示 2023 年度的账套已经建立成功。

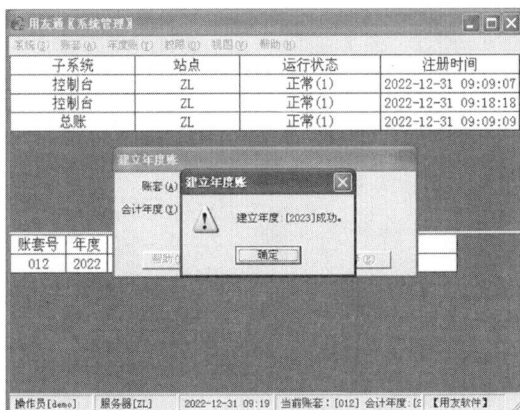

图 7-13 年度账套建立成功

账套建立成功后，需要注销当期的系统，单击"系统"→"注册"，选择 2023 年度的账套登录。登录 2023 年的账套后，单击"年度账"→"结转上年数据"，选择相应的板块进行结转。以固定资产的结转为例，单击"固定资产结转"后，弹出的界面如图 7-14 所示。

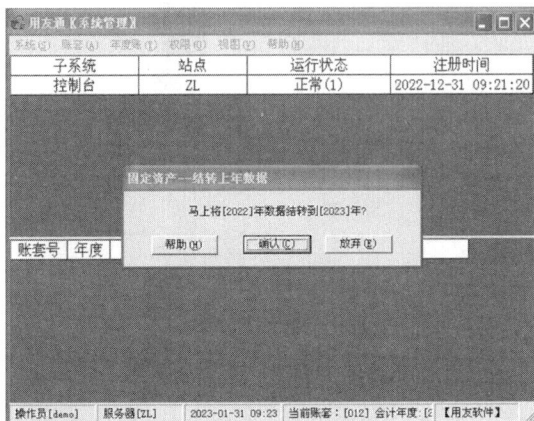

图 7-14 固定资产 - 结转上年数据

单击"确认"后，单击"开始结转上年"，系统就开始进行结转，结转完成后，系统会提示结转成功。

第 **8** 章

财务报表——会计核算的成果

8.1　企业命运的数字影像

我们通常以一个企业的股票价值高低评判一个企业的优劣，通过股票交易系统可以直接查看上市企业的股票价值，但是并非所有的企业都能够上市，非上市企业没有公开的市场交易价格，如何判断企业的优劣呢？此时就必须了解企业的规模、拥有的资产、欠付的债务、形成的利润，对各种指标数据综合分析之后才能作出判断。

那么企业的这些数据和指标，是在哪里体现的呢？

答案就是：财务报表。

8.1.1　财务报表包括哪些

互联网时代，人们能通过各种搜索引擎查询世界企业 500 强、中国企业 500 强、某某省百强企业排行榜、棉纺织行业企业排行榜等。这些排行榜中的排名无论是否严谨和权威，都确确实实影响了企业的知名度。这些关系着品牌价值的排名，都与企业通过各种渠道对外公布的财务报表的数据有关。

通常在未做特别说明的情况下，财务报表就是指企业对外报送的报表，包括资产负债表、利润表、现金流量表、所有者权益变动表及附注。

但作为企业内部经营管理分析的依据，仅仅依靠对外报送的这些报表远远不够，所以还需要会计人员报送一些通过财务数据编制的财务经营报表，包括货币资金日报表、销售收入日报表、应收账款明细表等。报表的格式往往是根据企业领导人的需求进行设计，每个企业的报表格式都有可能不同。

财务报表不但包括对外报送的财务报表，还包括企业内部使用的财务经营报表。财务报表的种类见表 8-1。

表 8-1　财务报表的种类

类别	财务报表名称	说明
对外报送的财务报表	资产负债表	体现某一时点企业资产、负债以及所有者权益状态的报表
	利润表	体现企业某一段时期利润情况的报表
	现金流量表	体现企业某一段时期现金流量情况的报表
	所有者权益变动表	体现企业某一段时期所有者权益变动情况的报表
	附注	根据外部报表使用人需要对上述报表内容明细进行说明的报表
内部使用的财务经营报表	货币资金日报表	体现货币资金每日的变动情况，根据企业需要报送相关人员
	销售收入日报表	体现每日销售收入情况的报表，根据企业需要报送相关人员
	应收账款明细表	某一时期应收账款变动情况以及截至某一时间的应收账款余额及账龄情况表，根据企业需要报送相关人员
	……	

8.1.2　哪三张报表构建企业全貌

在所有财务报表中，对外报送的资产负债表、利润表、现金流量表则是最为重要的三张财务报表。这三张报表反映企业经营情况的数据，全面、系统地揭示企业的财务状况、经营成果和现金流量，从三个维度以数字形态打造出一个立体的企业。财务报表的三个维度如图 8-1 所示。通过对财务报表数据的分析，我们可以对企业规模、发展状态、盈利能力、运营情况有更加深刻的了解。

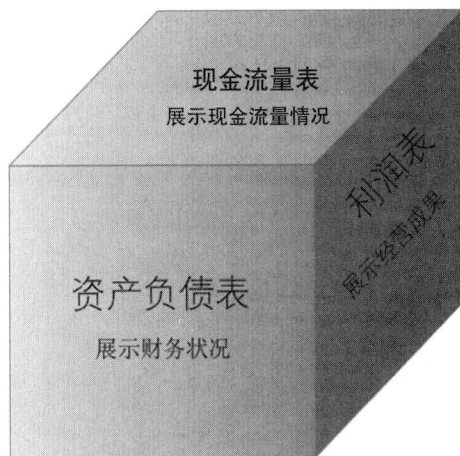

图 8-1　财务报表的三个维度

1. 资产负债表

资产负债表所反映的就是企业的财务状况。一个企业一共有多少资产，有多少固定资产，有多少存货，哪些资产是股东投入的，哪些负债是欠供应商的，等等，这一系列的问题都可以在资产负债表中找到答案。资产负债表能够提供企业某一特定日期的资产、负债和所有者权益的金额。

比如，在企业 2022 年 12 月 31 日的资产负债表中，财务报表的期初数就是指 2022 年 1 月 1 日的数据，那么期末数自然就是 2022 年 12 月 31 日的数据。而期末数减期初数就反映这一年财务状况变化的情况。

但这种静态的信息也有缺点，其不能反映形成这种财务状况的原因。就像我们看应聘者不同时期的照片，虽然此人的外在变化一目了然，但却无法通过照片了解此人的成长经历，无法评估此人的行为特点。

2. 利润表

利润表反映的是企业的经营成果。从利润表中可以看出企业在本年度究竟赚不赚钱，赚了多少钱，营业收入有多少。所以利润表是对资产负债表的一个重要补充，其通过提供动态的财务信息，反映企业一定期间的经营成果，从而使相关人员可以据此判断财务状况发生变化的原因，评估企业创造价值的能力。通过历年利润表数据的变化，还可以判断企业经营得是不是越来越好。

利润表就像应聘者的各种成绩单和工作成果，这样一张成果简历表，让我们能够对这个人有更加深入的了解和评判。

利润表和资产负债表相辅相成，基本可以反映企业面貌。我们可以依据这两张报表提供的数据分析企业的盈利能力、运营能力，预估企业未来的发展走向。

3. 现金流量表

现金流量表反映的是企业的现金流量，其不但能弥补资产负债表、利润表的不足，还可以提供一定时期现金流入和流出的动态信息，反映企业在报告期内通过经营活动、投资活动、筹资活动获得了多少现金，以及获得的现金又是如何运用的，从另一个角度说明资产、负债、所有者权益变动的原因。经济活动产生的现金流量又能从另一个角度说明企业实现利润的可靠性。现金流量表就像了解应聘者的人，其从另一个角度告诉我们，照片和成果简历表中的信息是否可靠。

这三张财务报表构成了企业的数字影像，是企业经营发展的真实写照。三张财务报表相互独立又相互联系，彼此印证又相互补充。这三张报表充分体现了企业的经营情况。将三张财务报表联系起来分析，就能取得事半功倍的效果。

8.2　对外报送财务报表的编制

既然资产负债表、利润表、现金流量表如此重要，那么正确、及时地编制这三张财务报表也是会计人员必备的技能。虽然大多数企业已经在利用会计电算化进行各类账务处理与核算，财务报表只需一键生成，但作为会计人员仍需要掌握编制财务报表的基本原理。

8.2.1　资产负债表的结构与内容

资产负债表是反映企业在某一特定日期全部资产、负债和所有者权益情况的财务报表，它表明企业在某一特定日期所拥有或控制的经济资源、所承担的现有义务和所有者对净资产的要求权，是一张揭示企业在某一时点财务状况的静态财务报表。

资产负债表中的很多报表项目名称与会计科目的名称一致，其金额也主要依据各会计科目的总账余额填列。但也有部分报表项目的金额根据几个会计科目的合计数填列，或根据会计科目的余额分析后填列。资产负债表如表8-2所示。

表8-2　资产负债表

编制单位：　　　　　　　　　　年　月　日　　　　　　　　　单位：元

资产	行次	期末余额	年初余额	负债和所有者权益	行次	期末余额	年初余额
流动资产：				流动负债：			
货币资金	1			短期借款	31		
应收票据	3			应付票据	32		
应收账款	4			应付账款	33		
预付账款	5			预收账款	34		
应收股利	6			应付职工薪酬	35		
应收利息	7			应交税费	36		
其他应收款	8			应付利息	37		
存货	9			其他应付款	39		
其中：原材料	10			流动负债合计	41		
在产品	11			非流动负债：			
库存商品	12			长期借款	42		
流动资产合计	15			长期应付款	43		
非流动资产：				递延收益	44		
长期股权投资	17			非流动负债合计	46		
固定资产原价	18			负债合计	47		
减：累计折旧	19			所有者权益（或股东权益）：			

续表

资产	行次	期末余额	年初余额	负债和所有者权益	行次	期末余额	年初余额
固定资产账面价值	20			实收资本（或股本）	48		
在建工程	21			资本公积	49		
无形资产	25			盈余公积	50		
长期待摊费用	27			未分配利润	51		
非流动资产合计	29			所有者权益（或股东权益）合计	52		
资产总计	30			负债和所有者权益（或股东权益）总计	53		

资产负债表的结构是依据会计恒等式"资产＝负债＋所有者权益"来设计的。报表的左边是资产，体现企业的资产；报表的右边是负债和所有者权益，体现企业资产的来源。

1. 资产＝流动资产＋非流动资产

（1）流动资产＝货币资金＋应收票据＋应收账款＋预付款项＋其他应收款＋应收股利＋应收利息＋存货等

①货币资金＝库存现金＋银行存款＋其他货币资金，货币资金的金额为这三个会计科目余额合计数。

②应收票据根据"应收票据"科目总账的金额填列。

③应收账款根据"应收账款"明细科目借方余额与"预收账款"明细科目借方余额相加后填列。

④存货＝原材料＋半成品＋产成品＋包装物＋低值易耗品＋委托加工物资等。在生产经营中，从用于生产产品的原材料到领用至生产车间处于生产过程中的半成品、包装物、低值易耗品、委托加工物资，再到尚未出售的产成品等，共同构成存货。

（2）非流动资产＝长期股权投资＋固定资产＋在建工程＋无形资产等。

2. 负债＝流动负债＋非流动负债

（1）流动负债＝短期借款＋应付票据＋应付账款＋预收款项＋应交税费＋

应付职工薪酬等

（2）非流动负债 = 长期借款 + 长期应付款 + 递延收益等

3.所有者权益 = 实收资本 + 资本公积 + 盈余公积 + 未分配利润等

（1)实收资本、资本公积、盈余公积均根据对应的会计科目的总账余额填列。

（2）未分配利润则根据"利润分配——未分配利润"明细科目填列。

资产负债的日期如果是 2022 年 12 月 31 日，那么此资产负债表被称为年报，表中的上年年末余额就是指 2022 年 1 月 1 日的数据，期末余额就是指 2022 年 12 月 31 日的数据。资产负债表的日期如果是 2022 年 6 月 30 日，那么这张资产负债表就可能是月报、季报或者半年报。上年年末余额指 2022 年 1 月 1 日的数据，期末余额就是指 2022 年 6 月 30 日的数据。

8.2.2　利润表的结构与内容

企业生存的目的就是实现盈利，而企业的盈亏情况是通过利润表来反映的。所以利润表也是经营管理者最为重视的报表之一。利润表反映企业在一定时期内的经营成果，以及经营成果是如何分配的。

统一的计量和编制规则让不同行业、不同规模、经营不同产品的企业具有了可比性，所以利润表也是企业生产经营成果的集中反映。同时利润表还是衡量企业生存和发展能力的主要工具。

月度利润表有本月金额和本年累计金额，而年度利润表则是本期金额和上期金额。月度利润表的结构如表 8-3 所示。

表 8-3　月度利润表

编制单位：　　　　　　　　　　年　　月　　　　　　　　　　单位：元

项目	行次	本期金额	上期金额
一、营业收入	1		
减：营业成本	2		
税金及附加	3		

项目	行次	本期金额	上期金额
其中：消费税	4		
营业税	5		
城市维护建设税	6		
资源税	7		
土地增值税	8		
城镇土地使用税、房产税、车船税、印花税	9		
教育费附加、矿产资源补偿费、排污费	10		
销售费用	11		
其中：商品维修费	12		
广告费和业务宣传费	13		
管理费用	14		
其中：开办费	15		
业务招待费	16		
研究费用	17		
财务费用	18		
其中：利息费用（收入以"−"填列）	19		
加：投资收益（损失以"−"号填列）	20		
二、营业利润（亏损以"−"号填列）	21		
加：营业外收入	22		
其中：政府补助	23		
减：营业外支出	24		
其中：坏账损失	25		
无法收回的长期债券投资损失	26		
无法收回的长期股权投资损失	27		
自然灾害等不可抗力因素造成的损失	28		

续表

项目	行次	本期金额	上期金额
税收滞纳金	29		
三、利润总额（亏损总额以"－"号填列）	30		
减：所得税费用	31		
四、净利润（净亏损以"－"号填列）	32		

1. 营业收入

营业收入＝主营业务收入＋其他业务收入

企业一般会有一项或几项主要经营活动形成的收入，称之为主营业务收入。但企业也会有通过其他方式形成的收入，例如出租闲置厂房、投资等形成的收入，称为其他业务收入。其他业务收入是企业主营业务以外的日常活动所取得的收入，涵盖出售原材料、半成品等。一般情况下，其他业务活动的收入较少，发生频率不高，在收入总额中所占比重较小。

2. 营业利润

营业利润＝营业收入－营业成本－税金及附加－销售费用－管理费用－财务费用＋投资收益

营业成本与营业收入是有对应关系的，两者是依靠销售数量来连接的。也就是说如果卖了 10 套产品，那么营业收入就是这 10 套产品卖的款项，而这 10 套产品对应的生产成本就是营业成本。

税金及附加包括除增值税、所得税以外的各类由企业承担的税款和费用。

销售费用、管理费用和财务费用，统称为期间费用。无论企业是否销售产品，是否有营业收入，这三种费用只要是在利润表报告期间发生的，都要计入利润表中。期间费用更多是与时间有关的，是在一个期间内所发生的与营业收入没有直接关联的支出。

投资收益是投资所形成的各类收益。

3. 利润总额

利润总额＝营业利润＋营业外收入－营业外支出

营业外收入并非企业日常经营所取得的收入，带有一定的偶然性。营业外支出也不是常规业务所形成的支出，如罚款、变卖固定资产损失、捐赠支出等。

4.净利润

净利润 = 利润总额 − 所得税费用

净利润也叫纯利润，是利润总额减掉所得税费用后的余额。通过净利润可以算出净利润率，用来反映企业或行业的经营效率。

8.2.3 现金流量表的结构与内容

现金，对于人们来说是看得见、摸得着的货币纸张或者硬币，而在会计领域的"现金流量表"中的现金则有着完全不同的含义。现金流量表中的"现金"包括现金以及现金等价物，其含义更广泛。银行存款以及其他货币资金、三个月内可以快速变现的有价证券等也都属于现金流量表中的"现金"。

相比按权责发生制为标准编制的资产负债表与利润表，现金流量表则以收付实现制为标准进行编制。所以现金流量表中的现金更被企业家形象地称为"血液"。月度现金流量表如表 8-4 所示。

表 8-4 月度现金流量表

编制单位：　　　　　　　　　年　月　　　　　　　　单位：元

项目	行次	本年累计金额	本月金额
一、经营活动产生的现金流量：			
销售产成品、商品、提供劳务收到的现金	1		
收到其他与经营活动有关的现金	2		
购买原材料、商品、接受劳务支付的现金	3		
支付的职工薪酬	4		
支付的税费	5		
支付其他与经营活动有关的现金	6		
经营活动产生的现金流量净额	7		

续表

项目	行次	本年累计金额	本月金额
二、投资活动产生的现金流量：			
收回短期投资、长期债券投资和长期股权投资收到的现金	8		
取得投资收益收到的现金	9		
处置固定资产、无形资产和其他非流动资产收回的现金净额	10		
短期投资、长期债券投资和长期股权投资支付的现金	11		
购建固定资产、无形资产和其他非流动资产支付的现金	12		
投资活动产生的现金流量净额	13		
三、筹资活动产生的现金流量：			
取得借款收到的现金	14		
吸收投资者投资收到的现金	15		
偿还借款本金支付的现金	16		
偿还借款利息支付的现金	17		
分配利润支付的现金	18		
筹资活动产生的现金流量净额	19		
四、现金净增加额	20		
加：期初现金余额	21		
五、期末现金余额	22		

（1）现金流量表的期末现金余额 = 现金净增加额 + 期初现金余额

（2）现金净增加额 = 经营活动产生的现金流量净额 + 投资活动产生的现金流量净额 + 筹资活动产生的现金流量净额

①经营活动产生的现金流量。

这是现金流量表中的重要部分，是证明企业有"造血"能力的指标，可以说是企业发展的命脉。用经营活动的现金流入减去经营活动的现金流出后得到的现金流量净额来反映企业通过经营活动获取现金的能力。

经营活动产生的现金流量净额 = 经营活动的现金流入 − 经营活动的现金流出

②投资活动产生的现金流量。

投资活动产生的现金流入就是企业长期资产的购建和不包括在现金等价物内的投资及其处置活动产生的现金流量。

投资活动产生的现金流出就是购买固定资产、无形资产和其他长期资产所花费的现金，以及进行权益性或债权性投资所支付的现金和其他与投资有关的现金。

投资活动产生的现金流量净额 = 投资活动的现金流入 − 投资活动的现金流出

③筹资活动产生的现金流量。

筹资活动产生的现金流量，是企业利用他人的资金产生的利益。筹资活动与经营活动、投资活动一样，也有现金的流入和流出。例如筹集的用于维持企业经营发展的资金是通过取得借款获得的现金流入，取得借款收到的现金是筹资活动产生的现金流入的形式之一。此外吸收投资收到的现金，例如发行股票或债券实际收到的现金，以及接受政府等的捐赠取得的现金都属于筹资活动产生的现金流入。

借款虽然解决了企业暂时的困难，但企业也需要为借款付出代价，即要支付利息。接受投资者投入的资金，也需要给投资者分红等。为偿还借款本金、利息支付的现金构成了筹资活动的现金流出。

筹资活动产生的现金流量净额 = 筹资活动的现金流入 − 筹资活动的现金流出

现金流量表的编制方法有直接法和间接法两种。

直接法就是在财务软件编制一张记账凭证的同时在现金流量表对应项目填写相关内容，通过记账凭证中记载的项目，自动生成现金流量表。或者由出纳每天登记货币资金日报表时，按现金流量表中的相关项目手工登记现金流量的备查账，最终生成现金流量表。

间接法则是根据资产负债表、利润表以及各明细账中的发生额分析填列，其准确程度低于使用直接法编制的现金流量表。

8.2.4　财务经营报表的结构与内容

企业为了在激烈的市场竞争中求生存、发展，就必须要作出正确的经营决策。对此，企业管理者不仅需要了解市场的变化，还要加强企业的内部管理，做决策就需要大量的数据信息，而仅依靠三张对外报送的财务报表显然不够。

所以，企业管理者需要会计人员提供更为详细的数据以及分析报告。会计人员不仅要做好日常业务的核算，还要对各种信息、数据进行清理、整理、归类、汇总，根据管理者决策的需求，设计各类统计表格。

财务经营报表又称为企业内部报表，是企业根据内部经营管理的需要，为满足企业管理者日常管理、经营决策所需信息而编制的报表，如货币资金日报表、成本报表、费用报表等。

财务经营报表没有固定的格式，也没有统一的指标体系，更不对外公开，属于企业内部用于决策和数据分析的报表。

财务经营报表是企业经营信息的载体，有助于企业更好地沟通、决策和评价业绩。财务经营报表的内容如表 8-5 所示。因财务经营报表的指标没有固定体系，完全按照企业管理者的需要进行编制，所以表 8-5 只列举了部分指标。

表 8-5　财务经营报表

序号	报表名称	解释
1	货币资金日报表	反映每日货币资金的变动情况。根据企业需要报送相关人员。货币资金日报表如表 8-6 所示
2	销售收入日报表	反映每日销售收入情况的报表。根据企业需要报送相关人员。销售收入日报表如表 8-7 所示
3	应收账款明细及账龄分析表	反映某一时期应收账款变动情况以及截至某一时间的应收账款余额及账龄情况。根据企业需要报送相关人员。应收账款明细及账龄分析表如表 8-8 所示
4	销售费用分析表	对某一时期销售费用变动趋势、费用构成等进行分析。费用构成分析就是对费用各个构成项目进行比重分析。对销售费用中占比较高、波动异常等项目进行重点分析，如差旅费、市场推广费等。根据企业需要报送相关人员。销售费用分析表格式可参考销售收入日报表

序号	报表名称	解释
5	固定资产明细表	固定资产明细表属于资产负债表的附表，是反映固定资产每年增减变动情况、年末各类固定资产的构成情况和企业固定资产规模的报表。根据企业需要报送相关人员
6	预收、预付明细表	反映某一时期预收账款、预付账款的变动情况以及截至某一时间的余额及账龄的情况分析。根据企业需要报送相关人员
……	……	……

表8-6　货币资金日报表

年		部门	摘要	收入	支出	余额
月	日					

表8-7　销售收入日报表

年		产品名称	客户名称	销售员	单位	数量	金额
月	日						

表 8-8 应收账款明细及账龄分析表

客户名称	应收账款余额	欠款日期	账龄分析					
			1 年以内		1~2 年		2~3 年	
			金额	比例	金额	比例	金额	比例

使用会计电算化的企业，这些财务经营报表也可以从企业的财务软件中导出。仍以东方养殖公司所用的财务软件为例，查看如何导出固定资产明细账。

会计登录账号后，单击"固定资产"→"账表"→"我的账表"后，弹出的界面如图 8-2 所示。

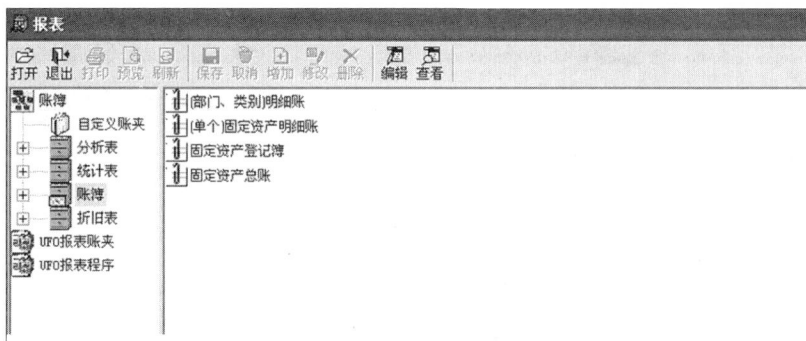

图 8-2 报表

在弹出的界面中单击左侧的"账簿"，出现"（部门、类别）明细账""（单个）固定资产明细账""固定资产登记簿""固定资产总账"，根据数据分析的要求进行选择。东方养殖公司的会计单击"（单个）固定资产明细账"，弹出的界面如图 8-3 所示。

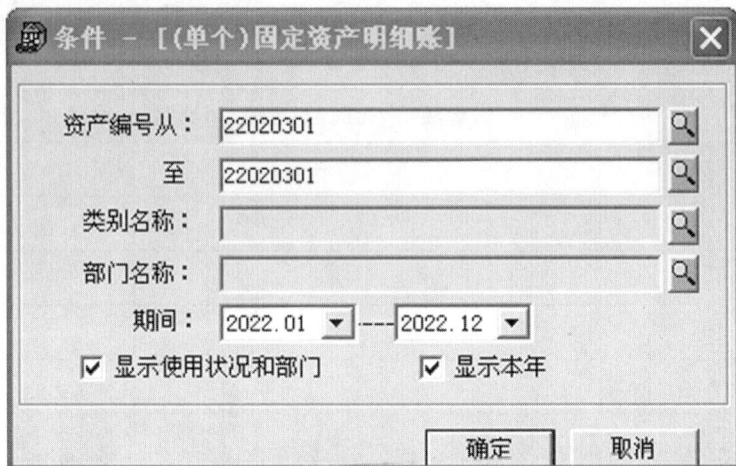

图 8-3　单个固定资产明细账

会计填写"资产编号""期间"，勾选"显示使用状况和部门""显示本年"后，单击"确定"，弹出的界面如图 8-4 所示。

图 8-4　固定资产明细账

确认无误后，单击"固定资产"→"维护"→"数据输出"，选择保存的位置，就可完成固定资产明细账的导出，加工后可形成固定资产明细表。

第

9

章

资产及负债的清查——会计信息
质量的确认

会计核算是会计的职能之一，会计核算的要求是提供的数据能够在重大方面公允地反映企业的财务状况、经营成果和现金流量。所以会计核算绝不只是一个过程，在会计核算过程中更要关注会计信息的质量。资产清查，就是对会计信息质量进行确认的重要环节。

本章将重点介绍资产及负债的清查范围，以及资产清查的方法和具体流程，并对清查结果进行相应的会计处理。

9.1　资产清查的范围与程序

资产清查可以经常性开展，也可以不定期开展，但一年至少应进行一次。

9.1.1　所有的资产都需要清查吗

一次亲友聚会中，远房亲戚听说爷爷的养殖公司办得这么好，便想借点钱。爷爷很是为难地说："都是小本买卖，没有多余的钱可以借。"远房亲戚调侃爷爷说道："都把鸭蛋卖到国外了，还那么谦虚，您也不知道自己有多少资产吧。"

爷爷突然一怔，这些年来公司到底有多少资产，每年赚多少钱，自己也不清楚，只是感觉赚钱了。

也许这个问题是很多经营者解释不上来的。公司到底有多少资产？有多少负债？虽然会计每月都要编制月度财务报表，每年也要编制年度财务报告，但这些数据是否可信?

当然也有一些经营者非常确信本公司财务报表数据的准确性。除了经营者不存在主观粉饰报表的意图,以及会计的专业素养值得信赖外,能够确保财务报表准确的公司一定会做这样一件事,那就是每年至少开展一次资产清查。

虽然会计对所发生的业务均进行了会计核算,但会计的工作往往是在业务发生后进行的,所以存在滞后性,也就容易造成账实不符的情况。导致账实不符的原因有很多,如业务人员不能及时将原始凭证交给会计、原始凭证在交付中丢失、原始凭证被人为篡改、原始凭证不能真实反映业务活动的实质、业务人员无法获得反映真实业务活动的原始凭证、会计在财务处理过程中出现客观差错等。

定期开展资产清查,可以通过真实的资产现状来佐证账面记录的准确性。既然要清查,就应该对所有的资产都进行清查,让经营者能够真正了解公司到底有多少资产。

资产清查包含的范围非常广,不管是有形资产,如房产、设备、存货、货币资金等,还是无形资产,如知识产权、债权等,都要彻底进行清查,只要发现账实不符,就必须及时进行核实,避免差错持续存在。

不仅如此,在公司更换管理层、公司合并或撤销时,都应当对公司的资产进行清查,明确公司的资产,划分管理者的责任。

9.1.2　资产清查前应做好哪些准备

在会计师事务所工作期间,我们被告知要去冷库进行盘点。当时正值夏天,我们都穿着短袖,但也提前准备了羽绒服。但到了现场才发现,冷库的实际温度是零下 30 摄氏度。

盘点企业的员工还是比较有经验的,提前给我们准备了超厚的棉服和棉鞋。但是尴尬的是我们自己并未准备棉袜,也没有准备秋衣、秋裤和随身的热帖。所以即使穿上棉服,进入冷库不到十分钟,我们这些女同志还是被冻透了。

盘点中要想在盘点表中记录,还得摘下棉手套,由于没有准备线手套,导致写字速度下降,严重影响了盘点速度。这次盘点,我们不仅保暖工作没做到位,盘点表也是根据材料账准备的，并未提前和冷库的材料台账做核对。

由于准备工作不足，导致我们进行了二次盘点，也影响了冷库的正常收发工作。很多企业的资产盘点都面临各种各样的困难。比如，煤场的煤堆该如何确定吨数，正在生产线进行流水作业的半成品是否需要停工接受盘点，鱼池、鸡场等的生物资产如何清点数量，银行金库的货币如何清点等。

很多资产的清点对会计人员还是存在一定风险的，如火药、雷管、子弹、试验室里的生产制剂等，需要有工作经验的人员共同参与，但也要防止试图舞弊人员设置陷阱。

资产清查前应做好充分的准备，以确保资产清查工作的顺利进行。资产清查的准备工作如表9-1所示。

表9-1 资产清查的准备工作

序号	准备工作	说明
1	成立清查小组	由财务部门牵头，评估资产清查需要的人员数量以及参与部门，抽调业务人员、资产保管人员等组建清查小组
2	确定清查方法	不同的资产要采用不同的清查方法。需要停产盘点的资产，要特别注意制定好清查的方案。通知资产保管人员对资产进行归整，完善各类标签，确定资产存放位置
3	划定清查范围	每年一次的资产清查，原则上是清查所有资产。但对于一些特殊目的的资产清查，就不一定所有的资产都要进行清查。资产清查也应遵循重要性原则，对非重要资产可简化清查程序，降低清查要求
4	制定清查计划	确定好参与人、时间、方法、清查目的，就需要制定清查计划，以确保所有参与清查的人员能够配合到位，在规定时间内完成清查工作
5	准备清查工具	对于清查所需的纸张、笔、测量工具、无人机、相机、服装等应当提前准备妥当，确保清查工作的顺利开展 完成各类账目的登记，结出各类资产的余额，并制作所有需要清查的资产的详细清单，方便现场盘点

9.1.3　资产清查有哪些手段

资产清查中所指的资产包括看得见的现金、存货、设备等，也包含看不见的银行存款、应收账款、无形资产等。不同的资产在清查时所使用的手段不同。资产清查手段如表9-2所示。

表 9-2　资产清查手段

资产	清查方法	说明
资金	实地盘点法	核对现金日记账，再实地清查现金数
	账表核对法	对银行存款的清查可以通过与开户银行核对账户余额的方式进行，也就是说将企业的银行存款日记账与开户银行开具的对账单进行核对
实物	实地盘点法	对需要清点的资产进行现场的逐一盘点，比如清点机器设备、生产设备等
	技术推算盘点法	借用一些工具，比如尺子、秤等，通过对体积、质量、面积、密度等指标的测量推算各种资产的实有数量。比如钉子的清点，可以选取 100 个称重，确定每 100 个钉子的标准质量，再对全部钉子称重，推算其数量
往来款	询证清查	通过对账单的方式同往来企业核对账目，编制往来对账单邮寄给对方企业，对方企业确认无误后盖章并邮寄回来。若不符，则注明不符的原因。对账单一般一式两份
有证资产	证件核对法	通过核实证件确定资产的所有权。而对于有证有形资产，除了要关注证件外，还需要对实物进行清点；对于有证无形资产，进行证件核对即可

如何清点池中养殖的鱼苗或其他海产品？

鱼在水里是不断游动的，而且数量极多，难以逐一清点。这时可使用技术推算盘点法，先选取一定立方米的水域，测出此区域内鱼的密度，然后推算出鱼的数量或质量。

如何确定煤堆的吨数？

先测量出煤堆的体积，再根据一立方米煤堆的质量推算出煤堆的吨数。

9.2 库存现金的清查

库存现金是公司经营的"血液"，也是最容易出现管理问题的资产。根据不相容职务相互分离的要求，保管、监督与授权使用现金的人员应分别设置。

现金是由财务部门负责保管和使用的一项资产，因此现金保管由出纳负责，而现金监督应当由其他会计负责。现金清查就是现金监督的工作之一。

9.2.1 现金盘点应由谁来完成

由于现金不记名，难以分辨所有权，所以很容易出错，出纳需要做到日清月结。出纳应养成日清月结的良好工作习惯，确保实有现金与账面金额相符。负责监督现金的会计可以不定期进行监盘，随时抽查现金是否账实相符。

每年至少应进行一次现金的监盘。会计在对现金进行监盘时应注意以下几个方面。

（1）监盘时，在会计的监督下，由出纳负责现金的清点。应对现钞逐张盘点，查对库存现金的实有金额。

（2）如发现借条、收据充抵现金的情况，应及时督促出纳入账。

（3）要注意观察现金是否都存放在保险柜中。若出纳有从多处取出现金的情况，需要做进一步排查，防止出纳私设小金库。

（4）确定出纳没有将个人现金与企业现金混同的情况。

（5）检查保险柜中的库存现金是否超过限额。

（6）检查是否存在坐支现金的情况。

（7）盘点现金的同时，检查由出纳保管的纸质承兑汇票、空白支票、收据等重要票据的存放情况。

（8）会计还需仔细核对库存现金的收付款凭证、相关账簿，检查财务处理是否合规合法、是否正确。

（9）若账实存在差异，应及时查明原因。

每次监盘完毕，需要根据实际盘点情况填写库存现金清查盘点记录表。出纳以及监盘人均应在盘点表上签字确认。库存现金清查盘点记录表格式可参考东方养殖公司库存现金清查盘点记录表，如表9-3所示。

9.2.2　现金盘盈怎么处理

东方养殖公司有专职的出纳负责管理东方养殖公司的货币资金。某次月末，主管会计突然要求进行现金监盘。盘点结果如表9-3所示。

表 9-3　东方养殖公司库存现金清查盘点记录表

实有现金盘点记录			核对账面金额		
货币面值	张（枚）	金额（元）	项目	金额（元）	备注
100	10	1,000	库存现金账面金额	1,693.50	
50	6	300	加：未记账的收款凭证	199.80	
20	10	200	减：未记账的付款凭证	510.00	
10	1	10.00	调整后的现金账面余额	1,383.30	
5	10	50.00	实有金额	1,583.50	
			账面余额与实有金额差异	200.20	
1	20	20.00	差异原因		
0.5	6	3.00	1. 未查明原因	200.20	
0.1	5	0.50			
0.05					
0.02					
0.01					
实点合计	68	1,583.50			
会计主管：张 ×× 出纳：李 ××					

从表 9-3 中可以看出，这次盘点多出了 200.20 元，当天没查出具体原因。

次日，经过回忆，出纳提出卖废品的时候，卖废品的多给了 0.2 元，但收据却是按照实际金额开具的。多出的其余 200 元想不起原因了。

查明原因的长短款可凭借对应的票据入账。如果短期内没有查明长款的原因，可先记入"待处理财产损溢"科目挂账，至年末仍未能查明原因的，应归为公司的营业外收入。

那么，如果盘亏至年末仍未能查明原因，是不是应当归为公司的营业外支出？不一定，这还要看公司如何界定现金盘亏的性质。如果盘亏属于出纳管理不善造成的，那么就由出纳赔付。如果盘亏是公司管理混乱导致的，那么经过相应权力机构审批后应计入营业外支出。

9.2.3 保险柜里存放的现金有限额吗

现在很多单位都有保险柜，很多人认为现金放进保险柜就很安全了，其实保险柜并不是坚不可摧的。为了保证资金安全，出纳放在保险柜里的现金不能超过规定的限额，一旦发现现金超过限额，应及时存入银行。

那么库存现金限额是如何来确定的呢？

库存现金限额由开户银行根据开户单位的实际需要，以及与银行的距离等情况综合核定。其限额一般按照单位 3~5 天日常零星开支所需库存现金确定，不含定期大额现金支出和不定期大额现金支出。边远地区和交通不便地区的开户单位，可按多于 5 天但不得超过 15 天的日常零星开支的需要来确定库存现金限额。

库存现金限额 = 上一核定期间平均每天支付的现金数额 × 限定天数

利民公司坐落于某市高新技术产业开发区的交通主干道旁，是一家生产电子元器件的高新技术企业。2021 年，利民公司累计现金支出 800 000.00 元，其中支付工资津贴 400 000.00 元，计划外一次性现金支出 100 000.00 元，员工日常报销款 250 000.00 元，购办公用品等零星支出 50 000.00 元。2022 年，利民公司日常支出预计增长 8.00%。那么，2022 年利民公司库存现金限额应为多少？（一年按照 360 天计算）

利民公司位于交通主干道旁，交通便利，应按照单位 3~5 天日常零星开支核定库存现金限额。其中，工资津贴 400 000.00 元属于定期大额现金支出，计划外一次性现金支出 100 000.00 元属于不定期大额现金支出，计算时均不应包含在内，因此利民公司库存现金限额的计算结果如下。

2021 年平均每天支付的现金数额 =（800 000.00-400 000.00-100 000.00）÷360=833.33（元）

2022 年库存现金限额（下限）=833.33×（1+8.00%）×3=2 700.00（元）

2022 年库存现金限额（上限）=833.33×（1+8.00%）×5=4 500.00（元）

因此，利民公司 2022 年库存现金限额应不低于 2 700.00 元、不高于 4 500.00 元，库存现金余额在此区间范围内均合理。

9.2.4　人民币残污该如何处理

在日常的工作中，出纳常会遇到这样的难题：不慎或者其他原因收到残缺、污损的人民币。应该怎么处理？

会计杜小强在现金监盘过程中发现库存现金中有一张面值 100 元的人民币缺少了一角。出纳刘泉回忆了这段时间收款的情景，又查看了收款监控录像，都没有找到这张缺角人民币的来源。

出纳刘泉该如何处理这张残币呢？

鉴于出纳刘泉未找到这张缺角人民币的责任人，会计杜小强建议出纳将这张人民币拿到银行兑换。

出纳刘泉之前没有去银行兑换过残币，担心银行不给兑换，会计杜小强告诉刘泉，《中国人民银行残缺污损人民币兑换办法》明确规定了："凡办理人民币存取款业务的金融机构（以下简称金融机构）应无偿为公众兑换残缺、污损人民币，不得拒绝兑换"。

出纳刘泉把这张残缺人民币带到银行，银行工作人员把这 100 元残币兑换成面值为 50 元的人民币，并告诉刘泉："票面剩下四分之三（含四分之三）以上，能按原来的样子拼接起来，就可以按人民币面额兑换；如果票面剩余二分之一（含二分之一）至四分之三以下，能按原来的样子拼接起来，就可以按人民币面额的一半兑换。"而刘泉手中的100元，虽然超过票面的一半，但不足票面的四分之三，所以只能按面额的一半兑换，兑换50元。

出纳刘泉回到单位后，立即写了残币兑换导致库存现金减少的情况说明，财务主管司绘审核通过了，情况说明见图9-1。

残币兑换情况说明

本人经现金盘点发现一张面值为100元的人民币缺失一角（约四分之一），该张残币拿到银行兑换后，换得面值为50元的人民币一张。

现申请把缺少的50元记入"管理费用——其他"科目。

申请人：刘泉

申请日期：2022年1月5日

审核人：司绘

审核日期：2022年1月5日

图9-1　残币兑换情况说明

9.2.5　保险柜被盗是谁的责任

银行等现金流动较大的企业，在保险柜的管理上制度非常严谨，多由两人以上共同管理保险库（柜）的钥匙；但对于现金交易不多的企业，多数情况下保险库（柜）钥匙由出纳一人保管。

保险柜内除了存放现金外，还存放有价证券、承兑汇票、空白支票、企业印章等各种重要物品。那么保险柜被盗，损失该由谁来承担呢？

兴盛公司是一家成立于2021年10月的小型房地产企业，新开发的5栋住宅楼正处于认筹期。2022年1月5日下午4点15分，一位客户来到财务部，以现金方式交纳意向金5万元。出纳刘爽在现金清点无误后，为客户办理了相关手续，这时已是下午4点49分。考虑到公司离银行较远，同时也接近银行下班时间了，刘爽便将5万元现金锁进保险柜中，准备第二天上班后再存入银行。

1月6日凌晨1点，一小偷撬开财务部办公室的防盗窗进入室内，撬开保险柜，盗走现金共8万元。上午8点上班后，兴盛公司报了警。与此同时，总经理于强召开会议讨论后续处理方案。

方案由总经理于强和财务经理李雪共同提出，具体内容为："总经理于强在本次被盗事故中承担主要管理责任；财务经理李雪承担直接管理责任；出纳刘爽承担主要事故责任，三人均处罚一个月工资，由此造成的剩余损失由公司承担。"

方案经过股东会决议审批通过，最终总经理于强被处罚 3 万元、财务经理李雪被处罚 1 万元、出纳刘爽被处罚 0.6 万元。

兴盛公司的处罚合理吗？为何股东会审批通过了这样一份决议？那就要一步步分析，并解答清楚两个问题：一是哪些人应该是事故的责任人，二是各责任人应该承担多少经济责任。

1. 哪些人应该是事故的责任人

第一个责任人为出纳刘爽。其在 2022 年 1 月 5 日下午 4 点 15 分收到 5 万元现金后是无法在银行下班前送存银行的。其主要失职在于在未将现金存入银行的情况下未及时告知财务经理采取恰当的资产保护程序，而是直接将现金存入保险柜。

出纳刘爽的失职主要在处理流程出现问题，那么公司是否有相关的流程制度呢？

兴盛公司刚成立三个月，公司规模小，人员配备也未必齐全，股东会应该很清楚管理层所面临的局面。总经理于强承认在本次安全事故中承担主要管理责任，也证实了其并未来得及制定详细、健全的规章制度。

第二个责任人是总经理于强。员工在执行公务时，没有明确的工作流程和规章制度做指导，需要依靠自身的职业敏感性和对岗位职责的理解来进行。事实证明，无论是出纳还是保安人员，对兴盛公司的安全管理都缺乏经验。员工对新成立公司尚不能快速适应，在此情况下又出了差错，总经理于强自然要承担主要管理责任。

如果建立资金安全管理制度，财务经理应该首先协助总经理提出制度草案，再报股东会或董事会审批通过，具体由谁来批准，需参照公司的章程中对股东会和董事会的权力规定。

第三个责任人是财务经理李雪。虽然财务经理李雪承担的是非主要管理责任，但由于李雪是第一个责任人刘爽的上级，也是要承担对刘爽监督不力的直接管理责任的。

2. 各责任人应该承担多少经济责任

2022 年 1 月 5 日下午 4 点 15 分出纳刘爽收到 5 万元现金后放入保险柜。而实际被盗资金为 8 万元，那么另外的 3 万元是什么款项呢？经过核实，兴盛公司距离银行较远，财务经理曾根据3~5天日常零星开支口头规定了库存现金限额不得超过3万元。所以兴盛公司本次的违规损失应该为5万元。

如果企业制定了详细的财务管理制度、资产安全管理制度，那么责任人违反规定的处罚就会比较明确。但是由于公司没有制定制度，所以股东会确定了所有责任人处罚一个月工资，合计4.6万元。

股东会考虑到扣除三人的罚款，公司仅需要承担0.4万元损失。面对突发事件，公司又刚刚组建，制度建立健全的成本远远高于粗放式管理造成的损失，通过该方案也就在情理之中了。

反观另一个拟上市公司的财务科40万元现金被盗案。存放在保险柜现金被盗，最终出纳与公司签订10年用工协议，每年扣除4万元工资来赔偿公司的损失。整个案件调查下来的情况是，公司制度完备，并且总经理接到公安局的预警提示后，立刻要求财务经理将"过年前几天是偷盗高峰期"的通知下发给公司的所有出纳。但是出纳在收款后，并未按规定将现金存放在门卫的保险柜里，而是私自存放在财务科的保险柜内。

相似的经历，不同的企业，却有着完全不同的处罚结果。

9.3 银行存款的清查

银行存款是由银行帮助企业保管的"现金"。企业通过网上操作，以及各类支票、汇票、进账单等，指令银行进行企业资金的收支。企业主要依靠出纳完成各类指令的下发。定期进行银行对账、编制银行存款余额调节表是银行存款清查工作的一部分。

9.3.1 银行对账单由出纳取回吗

银行对账单是银行和企业核对账务的纽带，反映企业在银行的资金流转情况，为了保证企业准确记录存放银行的资金，企业需要每月与银行进行一次对账。

在企业里，使用和管理银行账户通常是出纳的日常工作之一。银行的相关业务，例如开户、变更、注销、存取款、收付款、取银行回单等，往往都是出纳去办理的。当出纳月底或月初去银行办理业务时，常常被企业会计人员要求顺便把银行对账单一起带回来，很多企业都是这样操作的，这似乎已经成为大家约定俗成的一件事儿了，但这种操作合理吗？

某知名房地产公司出纳李某，侵占公司资金 4 800 余万元，用于打赏网络主播、游戏充值、娱乐消费等。经过调查，李某利用公司银行转账管理的漏洞，将资金挪用，并在每月月底对账时，通过篡改银行对账单来应对会计的检查，而检查者始终未发现。直至会计师事务所审计时通过银行询证函核查账户，此事才暴露。

银行存款具有极强的流动性，是最容易出现舞弊的资产之一。由李某的事件可知，如果由出纳领取银行对账单，那么容易出现出纳利用职务及工作上的便利，挪用或侵占公司资金的风险，同时也可能出现出纳通过伪造银行对账单来掩盖自己舞弊行为的情况。

因此，企业必须严格遵守并有效执行内部控制制度，明确各岗位的职责和权限，不得由一人办理货币资金业务的全过程，出纳在工作中应受到监督和制衡，以达到保护企业财产安全、防止滋生舞弊行为的目的。

关于银行对账单的管理，可以让银行直接邮寄到企业，也可由本企业管理其他银行账户的出纳或者其他会计人员取回，以防止发生挪用或侵占企业资金的情况。

9.3.2　银行存款余额调节表由谁来编制

期末，财务人员通过银行编制存款余额调节表，确定企业的银行存款日记账余额与银行对账单余额是否一致，那么这个表该由谁来编制呢？

"银行对账单由出纳取回吗"小节中提到，从内部控制的角度出发，银行对账单不应当由出纳取回。根据不相容岗位职责分离的原则，为防止出纳出现失误或者舞弊行为，银行存款余额调节表也不应当由管理该银行账户的出纳编制，应当由会计或管理其他银行账户的出纳来编制，以此来对管理该银行账户的出纳的工作进行有效监督。

然而在实际工作中，出纳负责办理企业银行往来结算工作，相较其他会计更加了解企业的交易事项，编制起银行存款余额调节表更容易、更快速。因此每月的银企对账工作往往是以出纳完成、会计复核的方式进行的，这样做能有效规避资金风险吗？

编制银行存款余额调节表是对通过银行账户进行收支的业务进行梳理和核对的过程。若出纳私自挪用或侵占资金，必然会导致银行存款日记账内容与银行对账单内容不一致，但为掩盖挪用资金的事实，出纳可能会制作虚假的银行存款余额调节表，如果会计审核不严格，是很难发现的。

因此，涉及资金往来的重点岗位，必须做到不相容岗位职责分离，从源头杜绝舞弊行为，银行存款余额调节表当然也不应当由出纳编制。

9.3.3 银行存款日记账与对账单不符怎么办

理论上讲，银行存款日记账余额应与银行对账单余额一致。但在实际工作中，二者经常出现差异，引起这种现象的一个重要原因是存在未达账项。

企业与银行之间对同一项经济业务的凭证接收存在时间差，导致一方入账而另一方尚未入账，从而形成未达账项。形成未达账项的原因以及可能的结果如表 9-4 所示。

表 9-4　未达账项形成的原因以及可能的结果

序号	企业	银行	银行存款日记账余额与银行对账单余额
1	未收	已收	<
2	已付	未付	<
3	未付	已付	>
4	已收	未收	>

由表 9-4 可看出，序号 1 和序号 2 的事项会导致银行存款日记账余额小于银行对账单余额，序号 3 和序号 4 的事项会导致银行存款日记账余额大于银

行对账单余额。

当存在未达账项时，就需要非出纳人员编制银行存款余额调节表进行调节，若调整后双方余额仍不一致，则需要考虑是否出现计算错误或者舞弊。

顺达公司在 2022 年 6 月 30 日的银行存款日记账余额为 893 000.00 元，银行对账单余额为 859 000.00 元，经核对后，发现存在以下未达账项。

（1）6 月 29 日，银行受物流公司委托代收运费，已从顺达公司银行账户中付出 2 500.00 元，但顺达公司并未收到通知。

（2）6 月 30 日，顺达公司开出转账支票 4 500.00 元，持票人尚未到银行办理转账手续，银行尚未入账。

（3）6 月 30 日，银行计算顺达公司第二季度存款利息为 4 000.00 元，并将款项计入企业存款户，但顺达公司因未收到银行通知并未入账。

（4）6 月 30 日，顺达公司收到日新公司开出的转账支票 40 000.00 元并入账完毕，但未到银行办理转账手续。

顺达公司的会计人员根据上述未达账项，编制顺达公司 2022 年 6 月银行存款余额调节表，如表 9-5 所示。

表 9-5　银行存款余额调节表

日期：2022 年 6 月 30 日　　　　　　　　　　　　　　　　　　　　单位：元

项目	金额	项目	金额
银行存款日记账余额	893,000.00	银行对账单余额	859,000.00
加：银行已收、企业未收款	4,000.00	加：企业已收、银行未收款	40,000.00
减：银行已付、企业未付款	2,500.00	减：企业已付、银行未收款	4,500.00
调节后的存款余额	894,500.00	调节后的存款余额	894,500.00

公司编制银行存款余额调节表后，此时银行存款日记账和银行对账单的余

额就一致了。那么，是否需要对未达账项进行账务处理呢？需要分三种情况来具体说明。

1. 银行已收而企业未收款、银行已付而企业未付款

产生原因：企业未及时获得相关原始凭证而延期记账。

处理方式：由于经济业务已经真实发生了，出纳人员应在当月结账前，从银行取回回单等有效凭证用于登记银行存款日记账。

2. 企业已收而银行未收款

产生原因：转账支票、银行承兑汇票等并不是即时到账的。出纳人员去开户银行办理完支票转存手续或银行承兑汇票提示付款后，便及时登记在银行存款日记账上。银行系统办理转账支票业务需要一定的时间，如果是跨行的转账支票，一般需要 1~2 个工作日款项才能到达企业的银行存款账户里，而银行承兑汇票到账的时间会更长。

处理方式：银行未收款，说明银行收款较出纳人员登记账本的时间晚，因此企业无法取得该业务的银行回单，也就不需要编制凭证、登记银行存款日记账。但出纳人员需要每天关注银行款项到账的时间。

3. 企业已付而银行未付款

产生原因：出纳人员开出转账支票后，便在银行存款日记账上登记银行存款的减少额，但是持票人当月未到银行办理转存手续，或者银行未办理完转存手续，企业无法获得该业务的凭证。

处理方式：等企业收到银行付款成功的通知后，再编制凭证、登记银行存款日记账。

需要注意的是，银行存款余额调节表只是用来核对企业与银行记账有无差错的手段，并不能作为记账的原始凭证，更不能以此编制记账凭证进行账务处理。

9.4 实物资产的清查

实物资产的清查就是对企业的固定资产、原材料、库存商品、半成品等看得见、摸得着的资产进行清查。实物资产的清查对会计人员来讲是非常重大且具有挑战性的一项工作。

如何将所有实物资产清查清楚，如何开展实物资产的清查工作，需要谁来参与和配合实物资产的清查，在清查日企业是否要停止生产，资产若是盘盈或盘亏又该如何处理，这些都是实物资产清查工作的重点内容。

9.4.1　实物资产盘点的十种方法

实物资产盘点对会计人员是一项既有趣又比较折磨人的工作。在盘点期间，会计人员不但可以看到账面上的数字与企业五花八门的资产之间的关联，而且能在盘点过程中与资产的使用者交流，发现问题，体会自身价值。

做好盘点工作，是一件有技术含量的事情，会计人员不但要减少盘点给企业带来的成本，而且要查清盘点差异产生的原因，为优化企业管理流程、降低舞弊风险提供建议。由于企业实物资产的复杂性，在资产盘点时一定要讲究盘点技术，根据实物资产的重要性、存放状态、使用频率等选择盘点方法。实物资产盘点方法详见图 9-2。

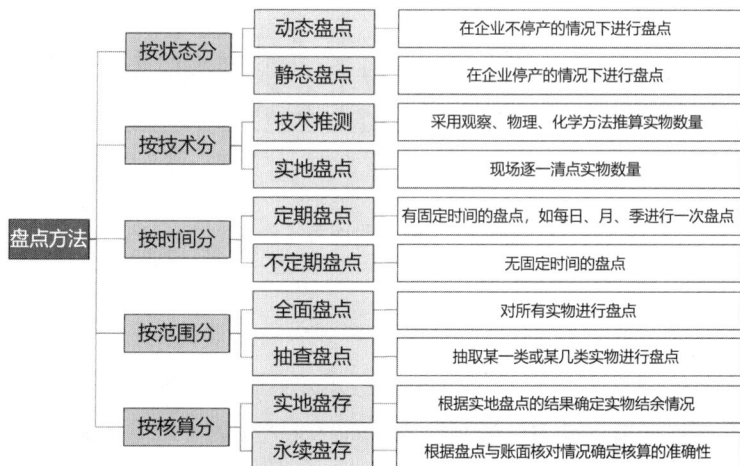

图 9-2　实物资产盘点方法

例如：

1. 流水线作业的液体存货可采用静态盘点、技术推测、定期盘点等方法；

2. 低值易耗品可采用动态盘点、实地盘点、定期盘点、实地盘存等方法；

3. 生产用贵金属可采用动态盘点、实地盘点、不定期盘点、抽查盘点等方法。

9.4.2　如何填写实物资产盘点表

实物资产在盘点过程中，除了要关注是否账实相符，还要关注资产的使用情况、保管情况、是否变质。

在被盘点企业资产账目数据清晰的情况下，可以按照账面数据进行实物资产的盘点。在进行盘点前，将账面数据导入盘点表中，根据账存资产的数量盘点实物资产的实有数量，然后将两者进行对比，查看账实是否相符。这种盘点方式下填写的资产盘点表如图9-3所示。

序号	财产编号	固定资产			计量单位	账存			实存			对比结果				存放地点	使用部门	备注
		名称	规格	厂牌		数量	单价	金额	数量	单价	金额	盘盈		盘亏				
												数量	金额	数量	金额			

_____公司_____盘点表 （盘点日期：___年___月___日　第　页　共　页）

合　　计

使用部门负责人：　　　　盘点人：　　　　保管员：　　　　制表人：

图 9-3　资产盘点表（一）

而在被盘点企业资产账目数据不清晰或者不准确的情况下，则可以采用倒推的方式，其盘点表格式如图9-4所示。所谓倒推就是直接对实物资产进行盘点，然后根据盘点的结果倒推账面的资产情况。

_____公司_____现场盘点表

盘点日期：___年___月___日   第 页 共 页

| 序号 | 财产编号 | 固定资产 | | | 计量单位 | 实存 | | | 存放地点 | 使用部门 | 备注 |
		名称	规格	厂牌		数量	单价	金额			
合　计											

使用部门负责人：　　　　　盘点人：　　　　　保管员：　　　　　制表人：

图9-4　资产盘点表（二）

9.4.3　盘点日需要停止生产吗

静态盘点就是在盘点日停止生产的一种盘点方法，虽然并非所有的资产都需要静态盘点，但静态盘点也是减少误差和防止舞弊的一种非常好的盘点方法。

当年我在参与一个机械企业的盘点时，盘点小组未采用静态盘点法，就出现过一个小插曲。盘点过程中，一位盘点小组的成员小张发现在二车间测试用的一套工具，与刚刚在一车间盘点完的那套工具非常相似。因为在一车间盘点时，一名工作人员正在使用这套工具，并大声提醒另外一名工作人员工具有豁口的情况，所以小张对这套工具印象比较深刻。

二车间的这套测试工具也有一个同样的豁口，小张非常奇怪，便立刻回到一车间去调查那套工具的情况。不出所料，这套工具是二车间的人刚刚借走应对盘点检查的。

有的企业为应付检查会出现盘点中随意移动资产的情况。有些企业的生产是流水线作业，各类材料、半成品存在正常流动的情况。这样就会影响盘点人员对资产数量的确认，难以保证盘点的准确性，所以盘点日是否需要停止生产呢？

有些企业如果一旦停工盘点，会产生巨大的机器重新启动的成本。

所以盘点日是否停止生产需要对盘点的资产品种、资产状态、难易度进行考虑及充分论证。还有一个非常重要的因素，就是盘点的重要性程度。一般情况下，在年底或企业遇到某些重大事项，比如重组、收购时，为了明确企业价值，就需要企业停产，对所有的实物资产进行盘点，而根据企业的日常资产管理要求进行盘点时，则尽量不采用停工停产的方式。

9.4.4 大宗的特殊存货如何盘点

多年工作中，让我印象深刻的是在一家海水渔业养殖公司进行资产盘点。尽管我在盘点前做好了充分的准备工作，但到达现场时，还是被震撼到了。

该公司室内养殖的主要是亲鱼和鱼苗。室内的池子上百个，而每个池子内都有密密麻麻的大小不等的鱼苗。在外的海水里也有几千平方米海域，养殖了扇贝、海带、海鱼、海参等。盘点的绝对准确是无法做到的，但考虑到重要性原则，相对准确还是有办法的。我们最终经过三个工作日完成了盘点工作。

不仅仅是生物资产的盘点需要技巧，很多资产的盘点都面临靠人工清点难以确定数量的情况。比如，煤场的煤堆该如何确定吨数，鱼池、鸡场等的生物资产如何清点数量，银行金库的货币如何清点等。

所以对大宗、大堆、大批的存货，最好的盘点办法就是采用技术推测。技术推测又可细分为三种方法。

1. 观察法

观察法更适合邀请工作经验丰富的专家参与。俗话说熟能生巧，正是干得多了，看一眼就知道一堆货数量是多少。

2. 计量标准转换法

计量标准转换法适合大批量、大宗、难以清点，但可以使用面积、体积、长度、密度等折算数量的存货。

例如：

（1）煤堆，可采用测量体积和密度的方式来测算煤的质量；

（2）养鸭场，将鸭子驱赶至固定场所，采用每平方米鸭子的数量与场所面积来推算鸭子的总数；

（3）油罐内的油，可采用油的高度以及罐的形状算出油的体积，再根据密度算出油的吨数；

（4）螺母等小配件，可以采用称重的方式，再根据每 10 个为一个标准单位来折算，最终确定螺母数量。

3. 工具法

工具法就是利用工具或者道具加快盘点速度和提升盘点准确度的一种方法。这种方法适合没有规律，无法采用观察法和计量标准转换法盘点的存货。

例如，盘点一片山林中实际栽种的小树苗的数量。小树苗间种在一些成年树的空地中间，并非成排或成列栽种的。栽种没有规律，难以用面积和密度来进行推测。此时可以用将确定好数量的布条绑在小树苗上做标志的方法来确定小树苗的数量。

9.4.5　固定资产盘点的特别事项

固定资产盘点与存货盘点有较大的不同，固定资产不会出现大宗、大批的问题。固定资产盘点时，需要关注固定资产的使用情况以及使用部门等。

记得一次参加某企业的固定资产盘点工作，我认真地提前将账载信息录入盘点表，并穿好工作服和戴好安全头盔，带着相机进入车间。

进入车间后，我站在一排排车床和各种形状的设备面前，大脑里全是疑问。每台设备叫什么名字？与盘点表中哪一项是对应的？怎么看年限？直到一位工人走过来告诉我如何看设备名牌，我才发现每一台设备都是可以通过名牌记载的内容了解该设备的名称、型号、出厂时间等信息的。

很多企业还会通过数字化管理固定资产，固定资产一入企业就被打上条形码，用来记录固定资产的情况，盘点时，用条码扫描枪扫描条形码即可知道固定资产信息。

不同的固定资产在盘点时需要关注的重点内容不一样，固定资产盘点注意事项详见表 9-6。

表 9-6　固定资产盘点注意事项

序号	固定资产类别	注意事项
1	不动产、构筑物	是否办理房屋产权证书或不动产权属证书、在用状态是否完好、是否处于抵押状态
2	在建工程	是否已处于可使用状态、项目进度情况如何
3	机器设备、工具器具	是否处于正常使用状态、是否临近报废期、存放地是否与固定资产卡片一致、是否为租用资产、是否出租使用
4	电子设备	是否处于正常使用状态、是否超过折旧期、存放地是否与固定资产卡片一致
5	车船等驾驶设备	是否办理车船证件、是否处于抵押状态、是否临近报废期、是否处于大修期、使用状态是否良好

9.4.6　盘点异常应如何处理

东方养殖公司期末对存货进行盘点时，发现养殖车间多了一个批次的驱虫药剂，试验室少了三瓶 A 型酶制剂、一箱抗生素，多了三瓶 B 型酶制剂。

经过调查，养殖车间多出来的驱虫药是在规定时间内车间人员未能及时为鸭子驱虫导致。而试验室里少的三瓶 A 型酶制剂则是在试验时与 B 型酶制剂混淆了。

少的一箱抗生素始终未能查出盘亏原因，经过总经理批示，以保管人员未尽到责任来处理，并增加了试验室摄像头，以加大对试验室物资的管理力度。

在盘点的过程中，经常会出现账簿中的数据与实际盘点数据不符的情况。一些企业的资产管理不够严格时，盘亏、盘盈则更为突出。无论是盘亏还是盘盈，都需要对数据的差异进行追查。

导致差异的原因有很多，此处以存货为例，列举部分存货盘点差异的原因及解决办法，如表 9-7 所示。

表 9-7　存货盘点差异原因及解决办法

序号	差异类型	差异原因	解决办法
1	记录过程中形成的差异	原始单据的记录存在差异	对数据的差错进行订正，并规范统计和记载数据的过程，加强数字信息化建设，减少人为差错
		单据传递不及时或者丢失	
		登记账簿时出现差错	
		仓库保管的登记台账与材料账不符	
		存货的名称不统一	
2	使用、管理形成的差异	存货领用人、使用人、保管人	完善领用手续、及时对账、增加不定期盘点次数、追究相关人员的责任
3	不可抗力形成的差异	自然灾害	及时处置剩余有价值的存货、及时联系保险公司定损、追究相关保管人员的责任
		盗窃	及时报警，并追究相关责任人的责任

9.5　往来款项的清查

　　往来款项的清查，就是对企业的应收类款项、应付类款项的清查。清查各种往来款项，主要采用函证的方式，也就是通过信函、电函或面函的方式，与对方企业核对账目。通过对往来款项的清查，企业能够确定债权和债务的准确性。

9.5.1　如何进行往来款项的清查

　　爷爷每月初都会查看会计人员报送的东方养殖公司的财务报表，在查看应收账款明细表时，爷爷发现丽丽商超公司欠的货款金额为 20 万元，这与印象中的数据不相符，于是立刻找来会计询问丽丽商超公司的欠款情况。

　　经过与仓库部门核对，发现上月发了一批价值 30 万元的鸭蛋给丽丽商超公司，会计没有及时入账。这也引起爷爷的怀疑，难道真的这么巧，只有这一笔错误被自己发现了吗？于是爷爷打电话给丽丽商超公司进行欠款金额的核对，结果对方登记的欠东方养殖公司的款项仅为 15 万元。

爷爷马上要求会计进行所有往来款的外部核对工作，并由业务人员陪同，逐家核对。

往来款项的清查包括企业所有应收与应付类款项的清查，仅凭账内记载的金额很难保证与真实情况相符，所以往来款的定期清查是确保账实相符的重要工作之一。

往来款清查首先要进行企业内部的清查，确保不存在时间性差异，确保仓库的单据以及各类在途单据均已提交财务部门入账。再将登记往来款项的各类账簿进行核对，确保总分类账与所属明细分类账的余额相一致，各个明细账之间的相关余额相一致。

企业在内部进行往来款清查，应当根据清查的结果编制往来款项清查报告单。往来款项清查报告单样式如图 9-5 所示。

往来款项清查报告单

总分类账户：

明细分类账户		清查结果是否相符	差异原因分析				备注
名称	账面余额		未达账项	争议金额	无法收回款项	其他	

图 9-5　往来款项清查报告单

在保证往来款账户的记录无误、完整的基础上，可以到对方单位以现场核实账款的方式进行对账。但这种方法耗时费力，成本较高，所以大多数情况下，对于应收类款项会编制往来款项的对账单，寄往有往来的企业以询证的方式进行对账。

9.5.2 如何使用询证函清查往来款项

使用询证函进行往来款项的清查，前提是企业已经进行了内部的清查，确保了往来款项的记录不存在企业内部信息传递造成的时间性差异等现象。询证函的样式如图9-6所示。

图9-6 询证函

上文案例中爷爷要求会计对公司的所有往来款项进行清查，除了和本地的供应商与客户采用现场对账的方式外，与异地供应商和客户可以采用询证函的方式进行对账。同时对时间较长的应收账款进行催收。

以与新元公司之间的业务往来为例，按照账簿的记录，与新元公司既有应收账款，也有应付账款。会计编制的询证函如图9-7所示。

编号：

询 证 函

新元公司：

　　为建立贵公司与我公司更加诚信的业务伙伴关系，加强双方应收及应付账款的管理，为双方进一步密切友好合作奠定基础，我公司正在对贵公司截止发函日与我公司的经济往来账项进行核对，诚望贵公司予以支持和配合！

　　下列信息出自本单位账簿记录，如与贵公司记录相符，请在本函下端"信息证明无误"处签章证明；如有不符，请在"信息不符"处列明不符项目。如存在与本单位有关的未列入本函的其他项目，也请在"信息不符"处列出这些项目的金额及详细资料。

回函地址：（略）　　　　　　　　　　邮编：（略）

电话：（略）　　　　　　　　　　　　传真：（略）

1．本单位与贵公司的往来账项

列示如下。

金额单位：元

截止日期	贵公司欠	欠贵公司	备　注
2022 年 6 月 30 日	8900.00		销售鸭蛋款
2022 年 6 月 30 日		12600.00	购买饲料

2．其他事项

　　本函仅为复核账目之用，并非催款结算。若款项在上述日期之后已经付清，仍请及时函复。

新元公司

2022 年 7 月 16 日

结论：

1. 信息证明无误。	2. 信息不符，请列明不符项目及具体内容。
（盖章） 年　月　日	（盖章） 年　月　日
经办人：	经办人：

图 9-7　新元公司询证函

第 **10** 章

会计档案——会计信息的储存

在日常的会计核算工作中，会形成各种各样的纸质及电子形式的资料。这些资料应该如何保管、谁负责保管、保管期限多长、如何交接和销毁等都属于档案管理的内容。本章重点介绍与会计相关的档案的管理。

10.1 会计档案的保管

会计的工作成果反映企业的资产状况、经营成果和现金流量，而且内部管理是否失控，均要通过会计档案来进行查证。因此，会计档案管理非常重要。会计档案的移交、保管、借阅、销毁等都应编制相应的记录和确定责任人，以确保档案的完整。

10.1.1 会计档案包括哪些资料

刚就业时，我认为会计档案就是凭证、账簿、报表之类的资料。直到有一次，财务科长让我到档案室提取三年前的一份会计档案，我第一次走进档案室，看到一排排林立的柜子，看到里面整整齐齐排列的会计资料，才发现会计档案的种类很多。

企业在会计核算等过程中接收或形成的，记录和反映企业日常经营活动的，具有保存价值的文件、图表等各种形式的会计资料，都属于会计档案的范畴。会计档案包含的资料如表 10-1 所示。

表 10-1 会计档案

序号	包含的资料	解释
1	会计凭证	记录企业的经济业务，明确经济责任的书面证明，包括企业自制原始凭证、外来原始凭证、原始凭证汇总表、记账凭证、记账凭证汇总表、银行对账单等内容
2	会计账簿	以会计凭证为依据，连续、全面地记录企业的各项经济业务的账簿，包括总分类账、现金日记账、银行存款日记账和辅助登记账簿等
3	财务报表	反映企业财务状况和经营成果的书面文件，包括月度财务报表、季度财务报表、年度财务报表和财务情况说明书等
4	其他会计核算资料	与会计职能紧密相关、由会计部门负责处理的数据资料，包括经济业务所签订的合同、财务清查资料、会计档案保管清册等
5	电子会计档案	电子设备传输和存储的电子会计数据、程序文件等资料档案

10.1.2 谁负责会计档案的管理

十几年前，我在会计师事务所接受过一次特殊的委托审计业务。公司经营者告诉我，他们公司的出纳出现了严重的舞弊，所以要求我们对资金管理进行全面的内控审计。

起因是该经营者认为当月的销售费用太高，让主管会计提供所有的销售费用明细。该经营者发现销售费用过高的原因是差旅费异常，虽然最近的出差次数多，但也不至于相差十几万元。于是便要求主管会计把所有差旅费的凭证拿到他的办公室，并安排办公室主任逐张审查。

最终发现，出纳利用可以随意接触会计档案的机会，将以前年度签过字的差旅费报销单从凭证上撕下来，在其他员工正常报销后，将这些单据混入其中，套取公司资金。而主管会计在审核凭证时，因为凭证签字无误、数据核对也一致，所以未能发现异常。

这个事件让我对"会计档案的管理究竟应该谁来负责"产生了浓厚的兴趣。会计档案的管理在业界也是有统一的说法的，就是由企业专门的档案管理机构负责管理，如果企业条件有限，也可以由办公室或者综合部门安排专人负责管理，而不应由会计人员自行保管。

如果会计人员需要借阅以前年度的档案，需要向档案管理机构履行借阅手续。那么上一年度的会计档案应该何时移交档案管理机构呢？由于会计人员会经常使用上一年度的会计档案查阅资料、核对账目，所以会计人员可以保管最近一年的会计档案，在次年移交上年的会计档案。

会计档案保管的第一责任人是企业负责人。所以企业负责人有义务安排专人管理会计档案，防止企业因保管不善，造成会计档案丢失、损毁。

企业的会计机构应当按照档案归档的范围和要求，定期将应当归档的会计资料整理立卷，编制会计档案保管清册并进行移交。当企业主体出现重大变化时，会计档案的管理则因企业的存续状态不同而有所差异，如表 10-2 所示。

表 10-2　会计档案的保管

序号	企业状态	存放方式
1	企业分立后原企业继续存续	会计档案由存续方统一保管，其他方可以查阅、复制与其业务相关的会计档案
2	企业分立后原企业解散	会计档案应当经各方协商后由其中的一方代为管理，或者按照国家档案管理的相关规定处置，各方可以查阅、复制与其业务相关的会计档案
3	企业分立中存在尚未结清的业务	未结清业务所涉及的会计凭证，应当单独抽出由业务相关方保存，并按照规定办理交接手续
4	企业业务移交其他企业办理	应当由原企业保管，承接业务的企业可以抽查、复制与其业务相关的会计档案。对其中尚未结清的业务所涉及的会计凭证应当单独抽出，由承接业务的企业保存，并按照规定办理交接手续
5	企业合并后原企业解散，或者一方存续，其他方解散	原企业的会计档案由合并后的企业统一保管。原企业继续存续的，会计档案由原企业保管
6	建设企业在项目建设期间	会计档案应当移交给接受建设项目的企业，在办理竣工决算后及时移交回原企业，并按照规定办理交接手续

10.1.3　会计档案的借阅和复制程序

10.1.2 小节提到会计档案的保管由专门的档案管理机构负责，那如果会计人员需要查询资料，或者税务机关等外部机构查账需要借阅会计档案，该如何办理相关手续呢？

不同企业对会计档案的管理要求不同，但会计档案承载着企业的重要信息，所以借阅、复制会计档案的管理也是档案管理非常重要的内容。

通常情况下，会计档案只提供给企业内部员工使用，原则上不外借。但遇到税务机关或者其他政府机构部门查账，确需外借会计档案的，则经会计主管和企业负责人批准后，可以办理借阅手续。

企业内部员工借阅会计档案，需要按照规定提交申请。对于一些信息化程度高的企业，可以通过内部办公软件，如 OA（办公自动化）、钉钉等，以建立工作流的方式借阅。一般情况下借阅会计档案的流程应当是借阅人建立工作流—借阅人部门经理审核—会计部门负责人审核—档案管理机构审核批准。

一些企业的会计档案会根据重要性程度分成保密、绝密等等级，等级不同，签字审批的流程也不同。对于需要复制会计资料的，则需要在申请流程中进行说明，表明复制目的，防止企业信息泄露。

对于借阅交回的会计档案，档案管理机构要进行复核，如果发现篡改和破坏会计档案的，有权根据档案管理要求追究借阅人的责任。对如数收回且经检查完好的会计档案，可以办理借阅注销手续。对于借阅会计档案的管理，档案管理机构可以采用登记清册的方式进行，并对所有的借阅情况认真登记。档案借阅登记册格式可以参考表 10-3。

表 10-3　档案借阅登记册

序号	档案类型	档案名称	借阅用途	借阅部门	借阅人	借阅时间	归还时间	档案管理员确认	备注

10.1.4　电子会计账簿应如何保管

采用计算机记账的企业，每年初需要将系统中上一年度的会计账簿打印出来，并装订成册。形成的电子信息数据档案，也需要制定相应的保管规则，相比手工会计账簿的保管，电子会计账簿的保管要求更为严格。

电子账套的数据信息可采用专用的存储介质进行存储，与纸制会计档案一样，电子信息数据档案需要上交档案管理机构进行存档管理。除此之外，还需要关注以下事项。

1. 定期检查，做好数据维护工作

对外观进行检查，确保存储介质无损坏或变形，确认存储介质外表是否需要清洁等。还要对电子会计账簿进行逻辑的检查，用专业的检测软件对电子会计账簿进行校验，检验是否存在有差错的存储介质。对于存在差错的，要及时修正或更新软件。

2. 提升电子会计账簿保管人员素质

保管人员的素质在电子会计账簿保管中起着关键作用。保管人员不仅要了解计算机的相关技术，还要掌握会计学、档案管理学等相关基础理论。同时企业还要提升保管人员的职业素养，端正其工作态度。企业应定期对保管人员工作成果进行考核，并制定相应的奖惩措施。

3. 安装监控和报警设备等

电子会计账簿存储在磁盘、光盘等磁性介质中，一旦发生火灾、水灾等事件，很容易造成全部数据的丢失或损毁。所以应在保管部门安装监控和报警设备，以及温度感应设备，并配备专业的保卫人员。一旦出现火灾等情况，应及时报警，确保数据的安全。

电子会计账簿依赖于计算机的硬件和软件系统，对周围的环境要求也比较苛刻，要防火、防水，还要防尘、防磁等，从而增加了保管的难度。如果不加强对数据安全方面的管理，很容易造成数据的丢失或损毁，给企业的经济数据、商业秘密等带来损失。

4. 建立电子会计档案备份制度

有条件的企业，可以对电子会计账簿实时备份，并注意用于备份的硬件不应与生成电子会计账簿的硬件相同，随着信息技术的发展，也可以采用云备份方式。

10.2 会计档案的移交与销毁

会计档案是如何移交到会计档案保管部门的？会计档案需要保管多少年？达到保管期限后，会计档案又是如何进行销毁处理的？在实际操作中，需要注意些什么呢？

10.2.1 归档前需要做哪些准备工作

每年年度终了时，会计人员应当将证明经济业务发生的凭证、账簿、报表以及银行对账单等需要保存的会计档案，随同其他会计档案一起装订立卷，并编制会计档案保管清册进行归档。在归档前，还要做好准备工作，详见表10-4。

表 10-4 归档前的准备工作

序号	种类	检查项目	处理方法
1	记账凭证	按凭证号码排序，检查凭证是否缺号、重号	如有缺号、重号情况，需要找出原因，并解决问题
2		凭证上的签名或个人印章，是否齐全	如有遗漏，需要补足签名或个人印章
3		凭证封面内容是否填写完整、签章是否齐全	如有遗漏，需要补齐
4		凭证后的附件是否齐全	如有缺失，应联系相关人员补齐
5		检查档案里，是否夹有大头针、回形针、订书钉等无关档案的物件	如有，需要拿出来
6		是否存在跨月装订的情况	如存在，需拆除重新装订

续表

序号	种类	检查项目	处理方法
7	会计账簿	检查当年的凭证是否均已登记完整	如有遗漏，需要补充完整
8		手工账是否已做好月度和年度结账	如未结账，需结账
9	电子数据	各种电子数据是否以其内容关键字命名	如未命名，应补充

归档前的准备工作看似简单，但要求相关人员细致、仔细，发现问题或错误，要求相关人员及时纠正，以防止归档后再出现错误。

10.2.2　如何进行会计档案的移交

会计档案装订成册后，即可安排移交给企业的档案管理机构。一般情况下，会计人员会在次年移交上一年度的会计档案。移交时，需要会计主管、企业负责人作为监交人监督移交，明确部门之间的责任。会计档案移交清册如表 10-5 所示。

表 10-5　会计档案移交清册

序号	案卷号	案卷类别	起止日期	起止号码	数量	应保管期限（年）	已保管期限	移交人	接收人	监交人	移交日期	备注

表 10-5 填制说明如下。

①案卷号：填写会计档案在本册案卷中的序号。

②案卷类别：填写会计档案的种类，如会计凭证、账簿、银行对账单等。

③起止日期：填写会计档案的起止时间，例如 2021-1-1—2021-12-31。

④起止号码：填写凭证号码。

⑤数量：填写凭证、账本等的数量，单位一般为册、本。

⑥应保管期限（年）：填写《会计档案管理办法》规定保管的年限。

⑦已保管期限：填写实际已保管的期限。

⑧移交人：填写会计档案移交人员的名字。

⑨接收人：填写会计档案接收人员的名字。

⑩监交人：填写监督移交行为的见证人的名字。

⑪移交日期：填写会计档案移交的日期。

⑫备注：如有其他需要填写的内容，则填在此列，例如内页存在破损、缺失等需要注意的事项。

会计档案移交时，应当按照移交清册逐项进行移交，以确保移交内容的完整性与准确性。

10.2.3　会计档案需要保管多少年

会计档案类别不同，保管年限的规定也是不一样的。保管期限有 5 年、10 年、30 年和永久。会计档案的保管期限，是依照会计档案的类别来区分的。根据《会计档案管理办法》，会计档案保管期限如表 10-6 所示。

表 10-6　会计档案保管期限

序号	会计档案的类别	会计档案的内容	保管期限
1	会计凭证	原始凭证	30 年
		记账凭证	30 年
2	会计账簿	总账	30 年
		明细账	30 年
		日记账	30 年
		其他辅助性账簿	30 年
3	财务会计报告	月度财务会计报告	10 年
		季度财务会计报告	10 年
		半年度财务会计报告	10 年
		年度财务会计报告	永久

续表

序号	会计档案的类别	会计档案的内容	保管期限
4	其他会计资料	银行存款余额调节表	10年
		银行对账单	10年
		纳税申报表	10年
		会计档案移交清册	30年
		会计档案保管清册	永久
		会计档案销毁清册	永久
		会计档案鉴定意见书	永久
5	备注	本表不适用于财政总预算、行政单位、事业单位和税收会计档案保管 保管期限从会计年度结束后的第一天开始计算	

10.2.4　如何进行会计档案的销毁

在 10.2.3 小节中我们介绍了会计档案的保管期限，那保管到期的会计档案该如何处理？一些不重要的会计档案可以当作废纸出售，但由于担心泄露企业的信息和商业秘密，更多企业选择将过期档案送至当地造纸厂进行销毁。

企业的档案管理部门应定期对已到保管期限的会计档案进行鉴定，并编制会计档案鉴定意见书来决定是销毁还是继续保存该部分档案。会计档案鉴定意见书如表 10-7 所示。

表 10-7　会计档案鉴定意见书

序号	案卷号	案卷名称	起止年月	起止号码	册数	应保管期限（年）	已保管期限	鉴定结果		销毁时间	备注
								新增保管期限	销毁及原因		
编制人签名				编制日期　　年　月　日							
鉴定意见	档案保管员意见：	签名： 年 月 日		财务负责人意见：		签名： 年 月 日			单位负责人意见：	签名： 年 月 日	

经过鉴定后，确认需要销毁的会计档案，再编制会计档案销毁清册。会计档案销毁清册如表10-8所示。

表10-8　会计档案销毁清册

序号	目录号	案卷号	案卷名称	起止年月	起止号码	册数	应保管期限(年)	已保管期限	销毁时间	备注
销毁意见	档案管理机构负责人意见：		签名： 年 月 日		财务负责人意见：	签名： 年 月 日		单位负责人意见：	签名： 年 月 日	
相关人员签名	监销员		签名： 年 月 日			档案保管员			签名： 年 月 日	
	销毁员		签名： 年 月 日			监销人			签名： 年 月 日	

如果档案过了规定的保管期限，但是涉及尚未结清的债权、债务，以及其他未完全解决的事项，此部分档案应单独立卷继续保管，直至尚未解决的事项解决。这些延期保管的档案，应在会计档案鉴定意见书、会计档案销毁清册和会计档案保管清册中写明延期保管的具体原因。

而对于电子会计档案，应当按照保管电子会计档案的规定，在企业档案管理机构、会计管理机构和信息系统管理机构三方共同的监督下销毁。

第 11 章

会计交接——前后任会计责任的划分

会计因工作调动、离职、生病等原因无法继续工作，就需要进行工作的交接。这不但是为了区分移交人和接交人的责任，而且是为了确保后续工作的顺利开展，防止出现账目混乱、工作遗漏等现象。

从交接前的准备工作，到交接的过程，以及交接后事项的处理，移交人和接交人都需要认真对待，履行好每个阶段的工作职责。

11.1　交接前的准备工作

会计工作的交接是每个会计都会经历的。会计工作的交接指企业的新任会计和上任会计交接企业的相关会计资料及事务。移交人在正式移交工作前，需要准备好需要交接的资料，确定好监交人，选定交接的日期。

11.1.1　会计交接用不用派人监交呢

前后任会计之间交接，必须安排专人监交。

记得有一年，一个房地产公司的董总找到我，说会计因为离婚情绪低落，不适合继续工作，公司便找了新会计来接任。但是董总不懂财务，担心交接时出现问题，便委托我协助他做好监交人的工作。

现场果然出了状况，移交会计虽然表面上没有拒绝交接，但并没有提前准备交接清单。我便现场指导移交会计制作交接清单。于是整个交接过程变成了一边交接资料，一边撰写交接清单，效率很低。

中午时分，董总安排大家在楼下的饭店吃饭，移交会计便自顾自地要了一瓶白酒喝了起来，饭后她提出要回家休息一会儿，醒酒后再交接。然而从此以后，我就再也没有见到这名会计。

后来，我们得知这个会计在任职期间，曾向经营者索要20万元未果，后来便利用职务之便将公司一栋房产转到其丈夫名下，而离婚导致其人财两空，所以就选择了消失。

如果没有第三人监交，可能会导致移交和接交的双方责任划分不清。所以为保证交接双方都按照有关规定认真办理交接手续，防止流于形式，必须有专人负责监交。

根据会计相关法律法规的规定，一般会计办理交接手续，由企业会计主管监交；会计主管办理交接手续，由企业负责人监交。

有些企业，只设置了出纳岗位，记账、报税等财务工作都外包给财务公司，也就是说企业只有企业负责人可以做监交人。但是企业负责人有可能对出纳需要交接的工作不熟悉，无法独自承担监交职责，此时企业负责人可以选择由上级主管部门或者会计师事务所来进行协助监交。

选择第三人来监交的好处主要有如下几点。

①保证交接工作的顺利、有序进行。

②解决监交人可能不懂财务的困境。

③发现会计工作中或流程中疏忽的地方。

④有利于从第三人角度对企业财务管理提出建议。

⑤有利于企业重视会计工作交接。

⑥有利于发现会计工作中的舞弊行为。

11.1.2 移交清册中都包括哪些内容

为避免交接当天准备不充分造成交接内容不全面、交接时间过长等，在正式交接前，移交人员应提前制作好移交清册，并做好以下准备工作。

①移交人在办理交接前，已经受理的经济业务尚未填制凭证的，应当填制

完毕。

②移交人应当把尚未登记的账目登记完毕，并在最后一笔余额后加盖经办人的印章。

③移交人应当整理需要移交的各项资料，并填写未决事项的书面材料。

④编制移交清册，移交清册的模板如图11-1所示。

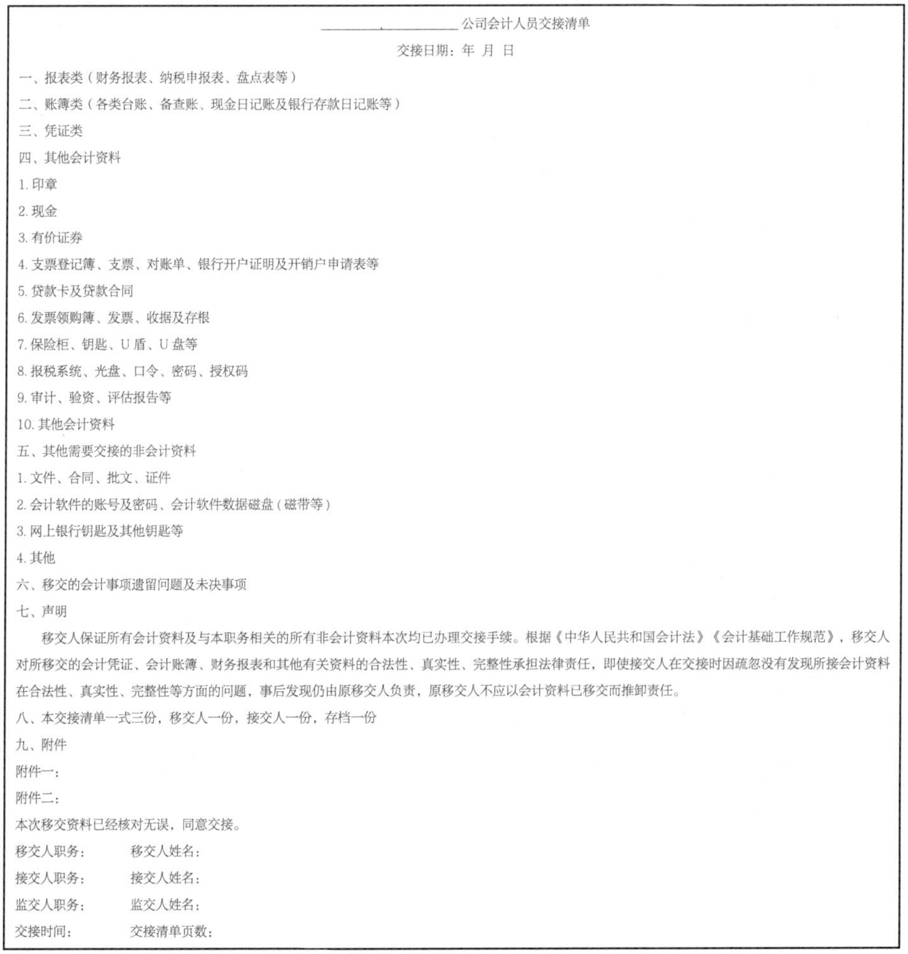

_____公司会计人员交接清单

交接日期：　年　月　日

一、报表类（财务报表、纳税申报表、盘点表等）

二、账簿类（各类台账、备查账、现金日记账及银行存款日记账等）

三、凭证类

四、其他会计资料

1. 印章

2. 现金

3. 有价证券

4. 支票登记簿、支票、对账单、银行开户证明及开销户申请表等

5. 贷款卡及贷款合同

6. 发票领购簿、发票、收据及存根

7. 保险柜、钥匙、U盾、U盘等

8. 报税系统、光盘、口令、密码、授权码

9. 审计、验资、评估报告等

10. 其他会计资料

五、其他需要交接的非会计资料

1. 文件、合同、批文、证件

2. 会计软件的账号及密码、会计软件数据磁盘（磁带等）

3. 网上银行钥匙及其他钥匙等

4. 其他

六、移交的会计事项遗留问题及未决事项

七、声明

　　移交人保证所有会计资料及与本职务相关的所有非会计资料本次均已办理交接手续。根据《中华人民共和国会计法》《会计基础工作规范》，移交人对所移交的会计凭证、会计账簿、财务报表和其他有关资料的合法性、真实性、完整性承担法律责任，即使接交人在交接时因疏忽没有发现所接会计资料在合法性、真实性、完整性等方面的问题，事后发现仍由原移交人负责，原移交人不应以会计资料已移交而推卸责任。

八、本交接清单一式三份，移交人一份，接交人一份，存档一份

九、附件

附件一：

附件二：

本次移交资料已经核对无误，同意交接。

移交人职务：　　　　移交人姓名：

接交人职务：　　　　接交人姓名：

监交人职务：　　　　监交人姓名：

交接时间：　　　　　交接清单页数：

图11-1　移交清册

特别注意一点，交接清单的页数超过一页的，每一页都需要移交人、接交人和监交人签字。

实行会计电算化的企业，移交人还应当在移交清册中列明登录会计软件的账号和密码、会计软件数据磁盘及相关资料等。

11.1.3　会计因病请假是否需要交接

会计有时候因为身体原因不能继续工作，而单位的会计岗位又不能空缺，在这种情况下，单位往往会安排其他同事暂时接替会计的工作。那么会计在请假前需要和接替的同事办理交接手续吗？

《会计基础工作规范》对会计临时不能工作，是否需要交接工作已做了明确规定，具体内容如下。

第三十三条　会计人员临时离职或者因病不能工作且需要接替或者代理的，会计机构负责人、会计主管人员或者单位领导人必须指定有关人员接替或者代理，并办理交接手续。临时离职或者因病不能工作的会计人员恢复工作的，应当与接替或者代理人员办理交接手续。移交人员因病或者其他特殊原因不能亲自办理移交的，经单位领导人批准，可由移交人员委托他人代办移交，但委托人应当承担本规范第三十五条规定的责任。

所以会计在请假前，应与接替同事办理交接手续。会计销假回来后，接替同事再将会计工作交接给会计。如果会计生病或者有其他特殊原因不能办理交接手续，经单位领导人批准，会计可以委托他人代办交接手续，但会计仍需对所移交资料的合法性、真实性承担法律责任。

会计办理交接手续，有利于接替同事开展会计工作，有利于保障单位财务工作的正常开展，也是区分交接前后责任的重要手段。

11.2　交接中的注意事项

会计交接是一个细致的工作，需要事无巨细地把会计工作交代清楚。在这个过程中，如果移交人、接交人或者监交人发现问题，均需要当场解决，不能当场解决的需要记录好问题，事后解决。

11.2.1 交接当天各方需注意的事项

会计交接是一项很重要的会计工作，移交人在进行移交时，要按照移交清册逐项移交，接交人要逐项核对接收。在交接过程中，移交人和接交人要注意的事项如表11-1所示。

表11-1 交接注意事项

序号	移交资料	移交人注意事项	接交人注意事项
1	现金	移交人应清点好现金，并与账面核对，如不一致，应查明原因，属于无法查明原因的，根据企业规章制度确定是否需要补偿款项或者编制凭证	接收现金时，要逐张清点。确认现金总数是否与账面一致，现金是否有残缺、是否有假币等；按照现金所对应的面额，将清点出的每种面额现金的张数，依次登记核对，最后将汇总出的总金额与现金日记账及现金总账核对
2	银行存款	移交人应提前把银行存款移交表编制好，具体内容至少应包括开户行、账号、币种、存款余额。手工账登记完后，应在最后一笔余额后加盖个人名章；电子账登记完后，应打印装订成册进行交接。如果银行存款日记账与银行账户存款余额不一致，应在限期内查清，如果是时间差导致存在差异，应编制银行存款余额调节表	接交人在核对银行存款时，应将移交人编制的银行存款移交表与银行存款日记账、当天打印的银行对账单逐项核对；如果企业有网上银行，可以直接将网上银行存款余额与银行存款移交表逐项核对，如有差异，应当场提出
3	原始凭证	如果因业务未能完成导致原始凭证无法入账的，移交人应在移交清册上写清楚该原始凭证产生的原因并签字确认，同时期限内补足审批签字流程后，再进行交接	对于暂时无法登记账簿的白条，接交人要依次询问清楚该白条产生的原因，并确认移交人是否已签字，待移交人补足审批签字流程后再进行交接；这样做的好处是，有移交人的签名，避免接交人被误认为挪用公款

续表

序号	移交资料	移交人注意事项	接交人注意事项
4	借条、发票、合同等	如果存在未在账簿登记的且暂时不能入账的资料，移交人需要在移交清册上注明这些原始单据获得的途径，以及尚未登账的原因	接交人应当场查看原因，对于表述不清楚的地方，应立即提出疑问，并让移交人补充填写清楚
5	会计软件	实行会计电算化的企业，在办理会计工作移交时，应在实际操作电子系统的状态下进行交接	接交人应学会操作电子系统，并查看系统里的数据
6	密码	会计工作很多时候都涉及密码，例如财务表格、网上银行、国家企业信用信息公示系统、电子税务局网站等的密码，移交人应提前把相关信息写下来	接交人在接收相关平台的账号时，一定要问清楚密码，同时应当场打开文件，登录相关网站查验
7	网上信息	会计的很多工作需要在网上进行，例如银行账户对账、工商年报编制等，如果有尚未办理完的事项，应在移交清册里写明	接交人在接收工作时，除了登录账号，还应查看待办事项的当前状态，例如银行账户是否已对账、是否进行了工商年报编制等
8	未尽事宜	在交接时，若有尚未办理好的事项，应在移交清册里写明产生原因及金额	在交接时，对尚未办理好的事项，需要询问清楚，如果存在需要缴纳的款项，应进一步询问产生原因及金额，这样方便日后开展工作，同时也可以避免给企业造成损失
9	移交清册的签名事项	移交清册的每一页均应由移交人、接交人、监交人共同签字确认	

11.2.2 移交资料如果有缺失怎么办

在办理交接的过程中，接交人需要根据提前准备好的移交清册，逐项进行交接核对。无论是接交人还是监交人，发现会计凭证、会计账簿等会计资料，或者其他移交的物品等有缺失，都应当立刻要求移交人查清原因。

如果移交人不能当场查明原因，需要在移交清册中予以记录。但资料缺失不能作为停止交接的理由。

《中华人民共和国会计法》第四十二条 违反本法规定，有下列行为之一的，由县级以上人民政府财政部门责令限期改正，可以对单位并处三千元以上五万元以下的罚款；对其直接负责的主管人员和其他直接责任人员，可以处二千元以上二万元以下的罚款；属于国家工作人员的，还应当由其所在单位或者有关单位依法给予行政处分：

（一）不依法设置会计账簿的；

（二）私设会计账簿的；

（三）未按照规定填制、取得原始凭证或者填制、取得的原始凭证不符合规定的；

（四）以未经审核的会计凭证为依据登记会计账簿或者登记会计账簿不符合规定的；

（五）随意变更会计处理方法的；

（六）向不同的会计资料使用者提供的财务会计报告编制依据不一致的；

（七）未按照规定使用会计记录文字或者记账本位币的；

（八）未按照规定保管会计资料，致使会计资料毁损、灭失的；

（九）未按照规定建立并实施单位内部会计监督制度或者拒绝依法实施的监督或者不如实提供有关会计资料及有关情况的；

（十）任用会计人员不符合本法规定的。

有前款所列行为之一，构成犯罪的，依法追究刑事责任。

会计人员有第一款所列行为之一，情节严重的，五年内不得从事会计工作。

有关法律对第一款所列行为的处罚另有规定的，依照有关法律的规定办理。

由此可以看出，移交人是需要对缺失的资料承担法律责任的。

如果移交人能够在事后补齐资料，应在移交清册中做好记录，待资料补齐时办理补充交接的手续。如果原始单据丢失，可参照原始单据丢失的规定处理。无法补齐的资料，应在移交清册中注明，并由移交人承担相应责任。

移交清册的内容全部交接完毕后，接下来就需要做会计交接的后续工作了，包含移交清册如何签名、备注，密码、办税人员身份、银行办事人员等的更换。

11.2.3　交接后需修改密码吗

　　某企业财务科在同一年招了两个大学生，小李担任出纳，小王担任材料会计。小李与小王是同学，关系非常不错。一年后，根据公司轮岗要求，两个人做了岗位的互换。

　　小王自从担任出纳以后，现金就经常对不上。有时候少十几元，有时候能差上一百元。开始小王以为是自己马虎，但是无论自己怎么仔细，每过几天又会出现差钱的情况。

　　一日中午，小王下班没有像往常一样去食堂打饭，而是躲到财务科的阁楼里。阁楼的地板有缝隙，小王便趴在地板上安静地观察自己的座位。此时，小李走了进来，看财务科没有人，便拿出保险柜钥匙，打开保险柜，从里面抽出一张一百元装进口袋。一切真相大白。

　　显然，作为上一任出纳，不应私配保险柜的钥匙。而下一任出纳应立即变更保险柜的锁。

　　无论是 OA 系统的账号密码，还是会计登录财务系统的账号密码、各类管理软件的密码、银行网银的密码、缴纳社保和公积金的账号密码、纳税申报系统的密码等都应该在完成交接后，进行变更。

　　企业不能指望离任者依靠法律和职业道德来进行自我约束，应尽可能通过严格的规章制度和监督措施来约束移交人和接交人的行为。

延伸阅读

扫码即可观看
延伸阅读精讲内容